KODIKO

Know yourself, love yourself.

KODIKO 03
啟動天賦靈數——藍寧仕醫師的生命密碼全書 II
作者：藍寧仕 (Dimitrios Lenis)
責任編輯：艾青荷
特約編輯：王筱玲
封面設計：許慈力
內文排版：Sunline Design
出版者：大塊文化出版股份有限公司
105022台北市松山區南京東路四段25號11樓
www.locuspublishing.com
讀者服務專線：0800-006689
TEL：(02)87123898 FAX：(02)87123897
郵撥帳號：18955675 戶名：大塊文化出版股份有限公司
法律顧問：董安丹律師、顧慕堯律師

In the Path of the Gods

總經銷：大和書報圖書股份有限公司
地址：新北市新莊區五工五路2號
TEL：(02) 89902588 FAX：(02) 22901658
初版一刷：2005年2月
二版一刷：2022年8月
本書為《21世紀新生命密碼 2》新版
ISBN：978-626-7118-68-9
定價：新台幣380元
Printed in Taiwan.

啟動天賦靈數

藍寧仕醫師的生命密碼全書 II

IN THE PATH OF
THE GODS

DR.
DIMITRIOS
LENIS
藍寧仕 醫師——著

關於 KODIKO

生命是一場複雜而奧妙的過程。人類自有歷史以來就在追問：「我是誰？我生下來有什麼用處？生命的意義何在？我如何把生活過得更好？」

古代的希臘人對此認真追索，展現了人類追尋知識與哲學的最大努力。希臘人相信，儘管人類的健康程度受到許多物質因素的影響，卻也需要考慮許多形而上的奧祕力量；生命，是由人的作為、環境和命運共同組成，每一個人的生命都含有一組獨特的密碼。遵循自己的密碼來過生活的人，將可獲得健康、幸福與成就。若想得知自己的密碼，就要跟隨太陽神阿波羅的教導，努力「認識自己」。

KODIKO 在希臘文裡是「密碼」的意思，因此我選它來當作我作品的系列名稱。這個

KODIKO 系列將會融合我幾十年來的行醫心得，把我在傳統醫學、另類治療、心靈與精神現象、烹飪、音樂和藝術方面領略到的「認識自己」的道理，整理成幾本著作。

讀了 KODIKO 系列的書，各位將可以了解到是哪些因素在身體裡起作用，又是哪些我們看不到的、在我們身體外的神祕力量對我們發生影響。有了這些認識，我們可以更清楚而深刻地認識自己，並明白為什麼有些事會發生在自己身上。

這些認識，將會幫助我們活得更健康，活出自己的生命價值。

目錄

新版序

我第一次聽到「天賦靈數」，是在一九九〇年代初的舊金山。有天跟俄國友人閒聊的時候，她先是問我要不要玩個遊戲，接著問了我的生日。幾分鐘後，她便精準描述出我的性格特質，甚至能解讀我既往的所作所為。

那天之後，我就迷上了天賦靈數。不光是鑽研所有能找到的資料，還把這套方法運用在身邊的親友上。久而久之，我的解讀不僅愈來愈準確，甚至發展出新的應用，進而寫成專書出版。

不過，這麼多年來，有件事我始終掛在心上‥天賦靈數的準確性尚未經過科學的驗證。也因此，有人視之為算命，有人說是迷信，或偽科學。

不在意科學與否的人，覺得這套方法就是好玩罷了，或是像我一樣，把它當作理解自我或他人的方法之一。對重視科學證據的人而言，例如我的許多醫界朋友，或是那些具有宗教信仰、拒斥任何迷信行為的人，天賦靈數可就大有問題，不僅不該使用或提倡，有些朋友甚至勸誡我不該攪和，以免聲譽受損。

我完全理解這些人的考量。說實話，當初朋友說要解讀我的天賦靈數，我也有同樣的疑慮。然而，就像我說過的，我之所以投身其中，是因為它確實準確，所以我暫且把科學檢視之類的先擱在一邊，期待未來某一天，人們有能力驗證。

我也曾自問：假如不用生日、電話號碼、身分證字號或姓名拼音字母等等來計算，這套方法還有用嗎？二十五年來，我終於有了答案：是的，天賦靈數確實可用，只要我們把它視為用來解讀形貌及能量頻率的意義的語言。

這個說法之所以成立——至少就畢達哥拉斯所言，是因為天賦靈數最初正是用以解釋形狀或頻率的本質。舉例來說，人們設計建築的時候，會根據數字學理論來計算形狀跟角度，數學奠基於數字學，也因此我們稱畢達哥拉斯為數學之父。

畢達哥拉斯並沒有藉由生日或姓名來卜算人的性格，他只是把數字學作為數學研究的一環，用以理解數字的特質——聽起來有點不著邊際？這麼說吧，我們可以想想，為什麼音樂會激發我們的各種情緒？說到底，音樂不過就是音頻罷了，就是數學。

於是，我開始思索，如果可以把萬事萬物都用數字1到9分門別類，那麼即使不用生日等等資料，也能得出生命密碼。這麼一來，光是看著一個人，從他的身形、說話的方式、穿著打扮，就能領會他的性格、溝通模式、天分等種種特質。

鑽研的過程裡，我不僅更加深入理解數字學與相關的科學論述，也更了解它的本質。我把部分研究的所得寫在《來自身體的聲音》這本書裡，並開課教學。確實，若要更理解生命密碼這套語言，引入科學研究是必要的，但至少目前我們可以說，生命密碼並不是迷信或是偽科學。

打從開課以來，我常常碰到有人要我只看著他們就說出他們的天賦靈數。他們問我，要怎麼學會這種數字學。我說，就像學數學一樣，得先精通基礎，才有辦法活用。

我把天賦靈數有關的基礎都寫在《啟動天賦靈數Ⅰ、Ⅱ》這兩本書裡，希望讀者也能跟我一樣熱中投入，因為這門學問的奇妙絕對超乎想像。學會了天賦靈數，便獲得了更加理解並善用生命的新工具。

藍寧仕

二〇二二年夏

初版序

幾年前我前往希臘旅行，造訪德爾菲（Delphi）的阿波羅神廟。導遊說，古希臘人把這個地點視為世界的中心，是大地之母蓋亞（Gaia）的肚臍眼；因此這裡成為一個通道，關於人類命運的消息便從這裡往外傳出。這個神廟在古時候是全希臘最重要的預知命運的地點，前來的人潮絡繹不絕，排隊等著算命的人群，居然要提前六個月以上來預約。我聽了覺得很有趣——而且我遇上了一件我完全料想不到的事。

我在這處聖地四處走動，心中不禁好奇，這個地方果真可以幫助人找到自己的人生方向嗎？阿波羅神廟的神效，在我身上也管用嗎？那時候的我正面臨著人生重大抉擇，確實需要一點指引。我那時在加拿大英屬哥倫比亞大學的科學與工程系讀二年級，可是我讀書讀得很不開心，覺得自己在浪費生命，工程系根本不適合我。我喜愛音樂，將來想以音樂當作職業。然而，這個念頭與父母對我的期待背道而馳。但我想休學。

我在阿波羅神廟裡徘徊踟躕。

這裡要先岔開來講一件事。我會玩一種叫做「鋼鼓」的樂器，這種樂器源自於一個加勒比海國家千里達（Trinidad）。一個容量四十五加侖的大油桶，用槌子敲打成碗狀的凹陷形狀，在圓弧形的鼓面上再敲打出小小的凹處，每個小凹處都可以敲擊出不同的音調，類似鋼琴或管風琴的聲音，如此就做出了一面鋼鼓。

置身阿波羅神廟的我，萬萬沒料到自己竟然開始暗自向阿波羅神祈求，希望他能給我指引，讓我知道自己究竟是應該聽父母的話，把書念完，當個工程師，還是應該追尋自己的興趣，當個音樂家。我在心中問出這個問題沒多久，竟然發現自己所站的地面微微往下陷，我嚇得汗毛直立。我往後退，試著推一推那處凹下去的地面——神奇的事發生了，在神廟旁邊的一塊地面，埋了一個四十五加侖的油桶，就是用來製作鋼鼓的那種油桶！

我剛剛才問了阿波羅神自己該何去何從，眼前就出現一個油桶！這景象是否要我去追求自己的夢想？然而我不是迷信的人，我不希望自己受到這樣一個巧合的影響。可是，這裡是神廟，不是嗎？好，我決定了！我要朝音樂的方向發展人生。

這個抉擇，把我帶到了美國加州聖塔克魯茲（Santa Cruz），我所加入的樂團在這裡頗受歡迎，最後我們就把聖塔克魯茲當作大本營。聖塔克魯茲乃是彼時正興盛的新世紀（new age）思潮的大本營，我在這裡學到很多與「自然療法」（natural healing）有關的東西，以及關於直覺開發、靈性、營養等的事物。我逐漸入迷，不久甚至發現我對這些事物感興趣的程度不亞於我對音樂的愛好。終於有一天，哥倫比亞唱片公司的人員擺了一份合約放在我面前，我最後卻毅然決然放棄了音樂事業，決定拾起書本，回大學攻讀「療法」相關課題。

說來，那一趟前去阿波羅神廟的旅行並沒有引領我走向音樂生涯，然而它確實改變了我的人生，一如它幾千年來對許許多多人的影響。

幾年以後，我拿到了一個整脊治療（Chiropractic）的醫學學位，並且藉由整頓脊椎、肌肉與身體軟組織的問題，搭配飲食調理，以此來達到治病的目的。我覺得這是很好的起步，然而我相信，真正的治療必須包括心靈與身體，因此，假如想成為真正的治療者，我必須學會如何在心理層面上對別人提出幫助。

就這樣，我開始鑽研包括容格（Carl Gustav Jung）與神經語言程式學（NLP）在內的各種心理學理論。可是我總覺得這些心理學講究太多理論，使用過多學術字眼，也太技術導向，並不是一般人就能輕鬆接受與接近的東西。它們都缺少了一些什麼。再說，這些心理學理論都不好玩。

因此，我接觸了「數字學」（Numerology），並且恍然大悟。數字學不僅幫助我迅速了解我自己，讓我看到自己在生活中一犯再犯的錯誤，也讓我找到方法成長，它還幫助我認識身邊的人。於是我繼續研究各種不同形式的數字學，最後終於整理歸納出屬於我自己的一套數字學，並出版了這方面的著作；我的數字學著重的是人的性格分析、溝通模式與個人成長。

在研究數字學的這些年裡，我多方觀察了解古今中外的名人範例，從中尋找具有代表性的性格原型，可是我怎麼樣都覺得還是不夠。這時候發生了一樁巧合：二〇〇四年的奧運要在希臘舉行，我因為是好幾位希臘田徑國手與舉重國手的私人醫師，所以去了希臘幾趟。在希臘的日子裡，工作之餘，我會閱讀希臘神話的書籍。讀著讀著，我發現有十二位神祇的特性似乎可以與生命密碼搭配起來。

這七男五女的故事，透露出他們與生命數字的基本原型之間的關連。於是我整理出足以代表這十二個神祇的神話故事，歸納他們的性格強項與弱點，以及他們是用什麼方式來克服自己的弱點，使得他們能成為神祇。果然，他們一個個都吻合生命數字的描述：

1—戰神，阿瑞斯

2—天后，希拉

3—愛神，阿芙洛黛特

4—穀神，蒂美特

5—信使神，荷米斯

6—太陽神，阿波羅

7—智慧女神，雅典娜

8—火神，赫菲斯托斯

9—月神，阿特米絲

10—海神，波賽頓

11—天神，宙斯

12—酒神，戴奧尼索斯

大家多少都聽過希臘神話裡的故事和某些神祇的名字。現在，藉由神祇與生命密碼的關連，這些神祇所代表的性格原型就更容易理解，並且更容易運用在各方面。這些神祇的故事流傳已久，很有名也很有趣，當讀到了與自己的數字有關的神祇故事，甚至會覺得像是在照鏡子，彷彿看到了自己的寫照。

然而就像古諺所云，「太陽底下沒有新鮮事」，我把希臘神祇與生命密碼結合起來的這個做法，並不是新的發現。比方說，心理學裡有個術語：「伊底帕斯情結」（Oedipus complex），就借用了希臘神話裡「伊底帕斯弒父娶母」的故事來說明一種病態的家庭情境。自從佛洛伊德的學生容格首開先例之後，很多心理學家也使用希臘神話人物當作性格的原型。

寫這本書，是為了補充我前一本《啟動天賦靈數Ⅰ》未盡詳細之處，希望藉著希臘神話的幫助，用「性格原型」來更進一步說明各個生命密碼的特質。如同前一本著作說過的，太陽神阿波羅要世人「認識自己」，這是我們生來世間最重要的生命功課，因為只要認識了自己，就知道如何創造出讓自己快樂而健康的幸福人生。

認識自己只是個起點。在認識自己之後，我們必須接受自己，愛自己，採取恰當的行動來改變生活，面對課題。希望這本書能帶各位進行一趟認識自己的心靈之旅。

藍寧仕

二〇〇五年春

前言

所謂數字學，是一種以數字的意義為基礎，針對人類性格的類型做出分類的學問。每一個數字可以說明一種性格的原型，並說出此性格原型的優點、弱點與奇特性質。根據瑞士心理學家容格等多位心理學家的理論，人類性格可以分析出幾種基本原型，若能深入探討這些性格原型，我們將可以在這些原型裡面看到自己，進一步反省與認識自我，接受自己，發揮才能，改進缺點。這就像是在照鏡子。從數字學出發所形成的性格原型論，可以是一種強而有力的自我分析與成長的工具。

此外，根據畢達哥拉斯的說法，數字裡面所含有的震動可以產生作用力，特別是在心理層面產生影響，這是因為人的潛意識心靈幾乎會在所有事物上尋找意義，而由此所得到的意義又會反過來影響我們的思維。我們的生日、地址、電話號碼等常用的數字，與環境裡的所有東西一樣會影響人的性格；儘管也許只是些微的影響，卻也是影響。

這麼說來，用最原始的數字學計算法來辨識人的性格特質，倒也並非無稽之談，只不過它的可信程度很難說得準，也許在某些人身上應驗了百分之百，但在某些人身上說不通；萬一這位解讀者是新手，那就更不容易解讀準確。

運用數字學的時候，最好不要只看出生年月日，或只看某一種算出來的數字。最理想的方式是先了解所有的數字原型，辨識出哪一個數字所代表的性格原型最像自己；然後再把出生年月日的數字加總起來，看看它是不是恰恰就是先前覺得最像自己的那個數字——看到結果之後說不定會與成千上萬的人一樣驚訝。可是，如果那兩個數字不同，那麼哪個才是自己的數字呢？事實上兩個都是。一個人的性格很少只用一個數字就可以簡單描述出全部的特質。有一個比較精確的方式是，辨認出至少三個與自己的性格相像的數字，然後思索其中哪一個數字對自己的影響最大。此外，人的性格會起變化，每一個階段展現不同的性格原型。不妨多多觀察自己的變化。

數字學的起源

數字學（numerology，或譯作「占數術」）源自於兩千五百年前的希臘哲學家畢達哥拉斯。

畢達哥拉斯的許多發現至今仍影響著今日的科學，他被後人尊為數學、幾何、天文與音樂等學問的鼻祖。畢達哥拉斯認為數字是神的語言，並且從形狀與數學特質來解釋各個數字的意義，譬如「四」是正方形，而方形的物件（譬如磚塊）是用穩定的方式來創造出安全感，所以數字四就與「安全」有關。而「二」是一條線或一段繩子，所以需要一個原因來說明為什麼需要依賴，譬如繩子可以用來把東西綁住，不讓東西散開。光用這樣的短短說明，就可以理解數字的意義。

畢達哥拉斯認為，在數字、科學、數學與音樂等學問裡，可以找到方法來認識自己並改善人生。他死後，這些學說繼續傳遞，我們在蘇格拉底、柏拉圖、伽利略等後代哲學家或科學家的理念中都能看到畢達哥拉斯的影子。

畢氏定理：$a^2+b^2=c^2$

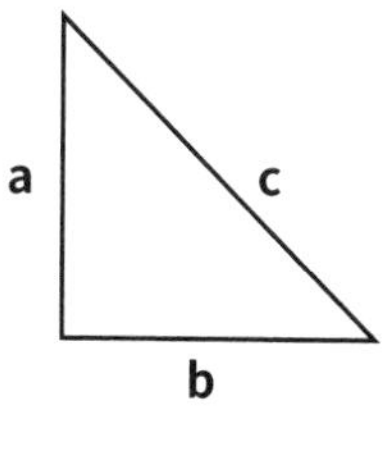

如何使用這本書

首先，我建議把這本書當作一本講述希臘神話的書，先讀一遍。閱讀過程中請注意，在這些關於希臘眾神的描述裡面，哪些段落簡直像是在描述自己的某些個性。挑選出一個整體而言覺得最像自己的神；然後再找出兩個只說準了一部分的神祇。用這三個神來代表自己。（在書後會有一章說明如何處理這三者所可能造成的內在衝突。）可以藉此了解自己性格裡的衝突，以及生活裡為什麼會出現許多課題，進而找到方法來面對解決。用這套有趣的方式來認識自己、改進自己，可以讓自己更健康，更能面對自己性格裡的問題與矛盾。

認識了這些希臘神祇的基本特性，以及他們在溝通、體型、服飾裝扮、言行舉止等方面的基本原型之後，有助於與人的相處。當然，也許得先把這本書多讀幾遍，才有辦法熟知每一種性格原型的特質；一旦熟悉之後，就可以在與別人初次見面的時候很快便感覺到對方可能是屬於哪一種類型，並知道該用什麼方式與對方溝通，該注意哪些地方。假如有機會得知對方的出生年月日，不妨把那些數字相加，確認對方的生命密碼，然後把所得結果與先前在不知道他生命密碼的情形下所得到的感覺，兩相對照。這可以增進自己的人際溝通能力。

在每一章裡都有一個方塊列出每一位神祇與身體部位的對照，以及其他相關的小訊息。這些都是與自我治療和情緒釋放的功課有關，但需要用專書才能介紹完整。在這裡列出一些，增添一點閱讀趣味，提供讀者參考。

讀過了代表自己的生命密碼的神祇故事之後，可以找出自己的黃金三數，然後閱讀另外兩個數字的特質，因為這三個數字共同形成了自己的衝突。本書把每一個神祇與一個生命密碼做對應，暫時可以不理會比較複雜的數字學的問題。但由於這個課題實在有趣，所以我相信各位會想進一步探索相關說明，不妨閱讀我以前關於生命密碼的著作。

關於希臘神話

希臘神話是從多種源頭而來的各式情節、線索、事件等集合而成的結果，這些來源以荷馬(Homer)、赫西俄德(Hesiod)、帕薩尼亞斯(Pausinias)等文人學者的著作為核心源頭。然而很多時候，同一個情節或同一件事卻是發生在不同的神身上，或者情節發生的順序不一樣，或者地點不同。不要因為這些差異而困惑，因為神話不是歷史，而只是口耳相傳的希臘眾神的故事，經歷了幾千年來多個民族的傳講，會出現上述那些不同是很正常的事。

本書所講述的神話故事，目的在於描寫十二位希臘神祇的性格特質，而不是為了提供各種故事的不同版本的比較。

然而，在閱讀希臘神話的時候還是要記住：這些神話畢竟與希臘的歷史有關。希臘的歷史又長又複雜，有文字記載的歷史可追溯到五千年以前。希臘人口並不是由單一民族組成，而是一個又一個好戰的民族從各地前來，占領土地，與當地人婚配繁衍後代。這段融合的過程可以在考古學的結果看出來，也能看到古希臘人所崇拜的神祇並不是以宙斯為首的奧林帕斯眾神，而是崇拜女神。希臘人認為女性是生命的源頭，所以把大地之母視為一個女性的神；這個大地母神在希臘各地以不同的名字受到崇拜。

希臘曾多次被不同民族的軍隊占領過，那些殖民統治的王國引進的是男性神祇，而不是比較陰柔的女神，為了要吸引希臘本地人來崇拜他們的神，這些殖民者就想辦法做一點「本土化」的工作，在自己的神祇身上添加希臘本地神祕的色彩。譬如愛神阿芙洛黛特（羅馬人稱為維納斯）的神話比其他神祇都來的早，也比宙斯早，宙斯祖父的生殖器被割了下來，然後被宙斯的父親丟到了海裡之後，阿芙洛黛特就從海裡誕生了。至於宙斯的神話，一直要到西元前一四五〇年，北方民族阿開亞人（Achaeans）南下征戰的時候才逐漸形成；在那之前，希臘人的主神是海神波賽頓，沿海居住的希臘人需要學習許多與海搏鬥的技巧。阿開亞人來了之後，宙斯就取代海神成為了希臘人的主神。

此外，很多神話故事裡都出現了女性不需要男性精子也能獨力產下孩子的情節，這多麼像現代的「複製技術」所能達到的結果。神話故事裡也有男子獨力產下嬰兒的故事，譬如宙斯生下了女兒雅典娜。以前的人當然覺得不可思議，但今日已經有了幹細胞科技和複製科技，說來那些神話情節遲早可以成為真實。有個德國人因為癌症而切除了下顎，後來醫生使用科技為他再裝上一個人工下顎。基因工程將來可會製造出許多比神話故事更無法想像的千奇百怪情節！

有人也許會擔心，以為我鼓吹崇拜這些古希臘神祇。別擔心，我絲毫沒有那個企圖，也沒興趣那樣做。在古代，確實有信徒把希臘眾神當作神明一樣在狂熱崇拜；但自從基督宗教在羅馬世界興起之後，那些古代多神信仰就都止息了。古神祇的神廟遭到破壞，雕像被摧毀，尤其是在君士坦丁和亞歷山卓這兩座古城的圖書館付之一炬以後，關於古信仰的知識也不復追尋。後來，多虧了歐洲探險家、考古學者和伊斯蘭學者的努力。我們今日得以從若干線索來探知古代信仰的樣貌。希臘眾神的故事，不再具有宗教意義，也不僅只是對於希臘有所影響。現在，全世界的人都有機會閱讀希臘神話，而希臘眾神的名字在不同的文化裡也被賦予不同的意涵。

今日希臘有一群人確實在致力於復興對於這十二位希臘主神的崇拜，主張要賦予這些神祇相當於基督教「教會」的同等地位，不過希臘政府還沒有點頭同意。假如這些希臘神祇獲得了合法的宗教地位，而信眾的人數逐日增加，也許他們的名字與故事會再一次取得宗教方面的地位，而人們會用敬拜耶穌、穆罕默德、佛陀等宗教人物的態度來對待酒神；說不定屆時大家對於希臘神話的認識與態度會隨之改變。不過這些還言之過早，我們現在不需要把希臘神話與宗教信仰放在一起理解。

希臘眾神所代表的生命密碼

生命密碼	希臘名字	羅馬名字
1	阿瑞斯（Ares）	馬斯（Mars）
2	希拉（Hera）	朱諾（Juno）
3	阿芙洛黛特（Aphrodite）	維納斯（Venus）
4	蒂美特（Dimira／Demeter）	克瑞斯（Ceres）
5	荷米斯（Hermes）	墨邱利（Mercury）
6	阿波羅（Apollo／Phoebus）	阿波羅（Apollo／Phoebus）
7	雅典娜（Athena）	米諾娃（Minerva）
8	赫菲斯托斯（Hephaestus）	伏爾肯（Vulcan）
9	阿特米絲（Artemis）	戴安娜（Diana）
10	波賽頓（Poseidon）	尼普頓（Neptune）
11	宙斯（Zeus）	朱庇特（Jupiter）
12	戴奧尼索斯（Dionysus）	巴庫斯（Bacchus）

十二希臘主神

希臘人的信仰裡面還有很多其他的神祇，本書所描述的是其中最主要的 12 位。這 12 神統領了其他眾神， 古代希臘曆法上的重大活動與慶典事件都是根據這 12 位神而來，而古希臘的宗教信仰也源於對這 12 神的崇拜。可是希臘人認為不可以侮辱或忽略任何一個神，即使不是主神也應受到尊重，所以希臘大大小小的神祇往往都有專屬的塑像與神廟，希臘人對神的這份尊重，後來甚至延伸到對埃及諸神的尊重。

我們現在並不知道當初是如何挑選了這 12 位神成為希臘的主神。然而「12」這個數字一直被視為一個圓滿的數字。天上有黃道 12 宮，12 個星座，一年有 12 個月，時鐘鐘面上有 12 個鐘點數；耶穌有 12 門徒。

神話故事是幾千年來流傳的結果。在神話最初形成的時候，還沒有今日我們所熟知的婚姻制度，也沒有對於性、愛與感情關係的約束觀念。所以當讀到了希臘眾神居然會愛上自己的近親，會不經女子同意就霸王硬上弓，可別驚訝，也不要用現代的眼光把那些看成亂倫和強暴。而男性神祇往往會愛上同性，這也不奇怪，除了太陽神和火神之外，其他希臘神話裡的神祇都有同性戀的紀錄！

計算生命密碼的方式

以下簡單說明如何計算出每一個人的生命密碼。

把出生年月日的數字全部視為一個個位數的數字，一個一個加起來，最後所得到的數字便是該生日的「天賦靈數」，然後再把天賦靈數的兩位數相加，便得到了「命數」。

範例：某人出生於一九五二年六月十五日：

1+9+5+2+6+1+5=29——天賦靈數

再加一次：

2+9=11——天賦靈數

然後再加一次：

1+1=2——命數

在下表中，我並沒有列舉出命數13以後的例子。這是因為在過去兩千年以來的所有出生年月日的數字加總起來，最大的數字是48，不會得到49以上的數字，所以就不會得出13這個生命密碼。以下我更進一步說明這一點。

命數的計算範例

2000 年 1 月 7 日　2+0+0+0+1+7=10，再把 1 與 0 相加，得到 1
1970 年 1 月 2 日　1+9+7+0+1+2-20，再把 2 與 0 相加，得到 2
1956 年 8 月 1 日　1+9+5+6+8+1=30，再把 3 與 0 相加，得到 3
1966 年 4 月 5 日　1+9+6+6+4+5=31，再把 3 與 1 相加，得到 4

1959 年 10 月 16 日　1+9+5+9+1+0+1+6=32，再把 3 與 2 相加，得到 5

1989 年 1 月 5 日　1+9+8+9+1+5=33，再把 3 與 3 相加，得到 6
1991 年 2 月 7 日　1+9+9+1+2+7=34，再把 3 與 4 相加，得到 7
1957 年 8 月 5 日　1+9+5+7+8+5=35 ，再把 3 與 5 相加，得到 8
1982 年 6 月 1 日　1+9+8+2+6+1=27，再把 2 與 7 相加，得到 9
1937 年 7 月 1 日　1+9+3+7+7+1=28，再把 2 與 8 相加，得到 10

1952 年 6 月 15 日　1+9+5+2+6+1+5=29，再把 2 與 9 相加，得到 11

1965 年 9 月 18 日　1+9+6+5+9+1+8=39，再把 3 與 9 相加，得到 12

在年份方面。從西元元年到一九九九年，其中最大的數字是一九九九，把四個數字相加，1加9加9加9等於28，所以最大的年份數字是28。其他的年份數字相加後一定小於28。譬如一八九九年，四數相加後得到27。一七九九年的四數相加，得到26。

在月份方面。從一月到十二月，這些月份數字從1到9。十月則是1加0等於1。十一月，1加1得2。十二月，1加2等於3。

在日數方面。從一日到三十一日，數字相加後總數最大的是29，2加9等於11。其他則都是10以下。譬如三十一日，3加1等於4，三十日是3加0等於3。依此類推。

從上面的計算可以看出來，我們把最大的年份數（28）、月份數（9）、日數（11）的數字一個個相加，所得的最大數字是48，再把4與8相加，得到12。一直要到西元二九九九年九月二十九日出生的人，出生年月日數字相加後所得到的數字才會得到13。

命數10、11與12

我過去兩本關於數字學的著作裡，都只教讀者把出生年月日的數字逐一相加，一直加到最後成為一個個位數的數字，這是命數，也就是該出生年月日的生命密碼。這在只需要加一遍的數字裡沒有問題，譬如天賦靈數20（命數2）、21（3）、30（3）、22（4）、31（4）、40（4）、14（5）、32（5）、24（6）、33（6）、25（7）、34（7）、35（8）、44（8）、27（9）、36（9）等等。

不過，有些數字其實應該要用比較複雜的層次來討論才會準確。譬如天賦靈數28（10）、37（10）、27（11）、37（11）、47（11）、39（12）、48（12），這些天賦靈數必須再加一次，才能成為個位數的生命密碼；可是，這個個位數的數字無法完整說明那個數字的特質。譬如命數10的人與命數1的人並不一樣，11與2非常不像，而39與3是兩種人。

假如能畫出命盤圖表，就可以把那個人的性格模式看得比較準確一些。此外，還要借用所謂「卓越數」的角度來看某些數字，譬如11、22、33與44。至於12也有獨特的含意，無法只用3數的意義說明。

天賦靈數10，11，12等三個數字，在做衝突三數的時候，要把它們的兩位數相加為一個個位數，分別成為1，2，3。可以閱讀與自己有關的那兩章，譬如10數人就閱讀10數和1數那兩章，11數人就閱讀11數和2數那兩章，12數人就閱讀12數和3數那兩章；然後判斷這兩個數字裡面哪一個比較像；或者把這兩個數字的課題都當作自己的課題——這是比較理想卻也比較辛苦的做法，因為這方法會更需要好好學習自己的人生功課。

數字學其實很複雜，為了用比較易於理解的方式讓讀者學習到它的好處，我發展了一套「黃金三角數字法」，讓學習者可以更快速認識到自己性格上的矛盾衝突，以及解決之道。（詳見本系列第一冊）。每一個人的黃金三數裡，中間那個數字，就代表每一個人在面對性格衝突與人生課題時所需要注意的方向。

向眾神學習人生功課

希臘眾神與人類一樣有愛有恨，有熱情有缺點，這種概念完全不同於基督教、猶太教、佛教等宗教把神視為完美無缺。假如我們認為神是完美的，我們凡人低頭看著自己的缺陷，自慚形穢，當然覺得壓力沈重，永遠達不到神明的境界。面對完美典型卻知道那是可望而不可及的理想，這當然會讓人產生焦慮感與挫折感，讓人壓抑自己原本具備的天生能力，不敢表現出自己的真性情。這樣當然是不健康的做法。

假如我們知道了神祇跟我們一樣，有缺點，會犯錯，並不是十八般武藝精通，而是只具備特殊的某些天分，我們就比較不會苛求自己一定要完美，不會那麼對人生覺得沮喪，反而會對自己比較有信心，更願意看重自己。

把希臘眾神看作是性格原型，可以讓我們鬆一口氣：原來我不必一定要像別人，而可以做自己。藉著認同眾神，看著他們改進自己的缺點，在成為神的路上學習各種教訓，我們也要鼓勵自己，向他們學習，認識自己，做自己。

星座、生命密碼與希臘眾神的關係

今日所知道的西洋占星學起源於古希臘；而古希臘人很可能借用了更古老的占星學，譬如古埃及文明和巴比倫文明裡的占星知識。

在最古老的占星學裡面，12 星座分別代表一個月又五天，不過它們的名稱不是今日的名稱，卻是 12 位希臘神祇的名字。後來希臘人沿用了 12 個月的曆法和 12 天神的名稱，但很可惜，12 月份與 12 神祇名稱的配置在希臘歷史的各個時期和後來的羅馬帝國時期曾經多次變動，所以今日已經無法確知最初究竟哪個神祇代表哪個月份。

本書試著把占星學與數字學做一點小結合，把占星學的象徵符號、數字與希臘 12 神連結起來。對占星學感興趣的讀者將會發現，一些以前不太明白的細節，可以在這項連結裡面得到認識。譬如，天秤座的守護星是金星（維納斯／阿芙洛黛特），但金星的特質無法解釋為什麼天秤座那麼喜歡分析與批評，又那麼難以做出決定；阿芙洛黛特的個性並不會猶豫不決，反而非常清楚知道自己要什麼。然而，掌管智慧與公義的雅典娜就需要用審慎的方式來做出裁決，這才接近天秤座的特質。

數字學
與希臘神話

A look at the 12 Gods with a numerology point of view reveals an uncanny connection between them and the basic personality types of numerology. I realized I had a powerful tool if I could connect them together. Through researching the life stories of each God, I discovered how each God had stories about their strengths and weakness, how the weaknesses were overcome to make them become Gods. Uncannily, they matched perfectly to the descriptions and stories of numerology.

1

Ares

阿瑞斯

阿瑞斯是戰神，也是舞蹈之神。阿瑞斯與其他眾神不一樣，他並不掌管任何大自然現象，他的意義在於向世人顯示一個戰士如何做到「無懼」。他好鬥的天性使得希臘人並不喜歡他，只在斯巴達和色雷斯兩地有神廟供奉他；不過，由於斯巴達人不造宮殿，而色雷斯的戰事頻仍，因此今日這兩地找不到幾個供奉阿瑞斯的神廟。其實，由於阿瑞斯據説是羅穆盧斯（Romulas）和雷摩斯（Remus）的父親，而這兩人的名字正是「羅馬」城市之名的由來，所以阿瑞斯在羅馬的地位比在希臘高。

今人得以知道戰神的名字，一來因爲「火星」的英文是以他的羅馬名字「Mars」爲名，二來因爲占星十二宮的第一宮是以他的希臘名字「Ares」命名（十二宮裡唯一一個採用天神名字的宮位），也有許多產品用他的名字來象徵權力和速度。

好戰的希臘人竟然討厭阿瑞斯，這說來似乎奇怪，推想這和阿瑞斯的特立獨行有關。阿瑞斯不在乎勝不勝利，只是想殺人和找人打鬥，這表示他有時會吃敗仗。他是用體力在作戰，而不是用大腦；他作戰是為了自己和他所親近的人，而不是為了其他沒有直接關係的人。阿瑞斯這樣的個性不符合希臘軍隊的需求，因為希臘戰士之間的關係不甚密切。

首先，希臘人崇尚智取和謀略，並不看重蠻勇，所以他們喜歡女神雅典娜；她是傑出的戰略家，雖身為女性，卻能每戰皆捷。其次，希臘軍隊並不團結，戰士之間的關係也不甚緊密，他們通常是因應眼前的戰爭而隨機組成，所以經常起內鬨。這可以從阿基里斯（Achiles）在特洛伊戰爭中的舉動看得很清楚：阿基里斯作戰是為了一己之私，而非希臘軍隊的整體福祉。這種特質的人若再去供奉崇拜好戰的阿瑞斯，只會使得希臘軍隊更難以組織和管理。（別忘了每一個希臘城邦都是獨立國家，不僅國與國間經常交戰，自己國家裡也常起紛爭）。但是這樣的問題沒有發生在斯巴達人和北部希臘民族身上，因為他們很團結，全心培養國力與戰技，他們非常需要具備阿瑞斯的特質。

第一位成功結合了阿瑞斯特質和雅典娜特質的希臘人，是亞歷山大大帝。他把體能作戰技巧與偉大戰略合而為一，是史上最快征服西方世界的人。此後，羅馬人仿效他的作風，他們的軍隊比希臘人團結，不會起內鬨，全部的精力都用來與敵人作戰。羅馬人非常敬重阿瑞斯的特質，甚至將自己的城邦和帝國都獻給他！

阿瑞斯的神話

有戰神之稱的阿瑞斯，常被誤認為是戰略專家，是個像亞歷山大大帝那樣優秀的軍隊領袖。但他不是。他比較像是戰士之神：全力付出，奮戰到底。戰神阿瑞斯沒有實際的王國，沒有心事，也沒有虛假臉孔。他實事求是，跟著感覺走，情感強烈，依照本能和原始衝動來行事，忠於自己所信賴的人。

從某方面來看，戰神阿瑞斯永遠忠於自我，從來不隱藏自己的情感，也從來不為了討好他人而改變自己。阿瑞斯聽從的是本能而非理性。真誠而直率的戰神阿瑞斯，儘管也會打敗仗，但他始終清楚自己為何而戰，也無所畏懼地捍衛親友。

阿瑞斯是天神宙斯和妻子希拉所生的獨子，但因為宙斯並不喜歡他，所以童年過得很坎坷。宙斯不喜歡阿瑞斯，原因可能跟阿瑞斯的孕育形成過程有關。有些說法認為阿瑞斯是直接由宙斯產下的；還有一種說法是希拉看到丈夫宙斯獨力產下酒神戴奧尼索斯，感到非常憤怒，因此服下一株神奇的藥草，讓自己不管被任何男子碰觸都會懷孕。宙斯顯然碰觸了她，使她懷了孕，但是宙斯不知為何對這種懷孕方式並不高興（說不定他是因為無法確定自己確實是孩子的父親，所以才不高興），因此從未真正接納或疼愛這孩子。不管原因是什麼，總之阿瑞斯確實受到父親的冷落，始終得不到父愛。

形同被雙親拋棄的阿瑞斯，小時候曾遭到綁架，被關在一個銅甕裡長達十三個月。就在奄奄一息之際，他被荷米斯救出。後來他被送去與普里阿普斯（Priapus）同住並且向他學習。普里阿普斯是半羊半人的神（他是花園、蜜蜂、山羊、綿羊之神），有一副巨大的生殖器。阿瑞斯在普里阿普斯的調教下，學會了舞蹈和武術，成為一名身體強健而戰技精良的軍人，並獲得了戰神的封號。他從小對於雙親懷抱著失落感和恨意，也許就這樣透過武術而得到發洩！

阿瑞斯在捍衛他所摯愛的人時最為驍勇。他有一個女兒被海神波賽頓的兒子強暴了，他立刻結束這名年輕人的性命。海神大怒，把阿瑞斯帶往雅典的法庭。而阿瑞斯站在雅典娜神廟下的一塊石頭上，說明自己為女兒報仇的舉動是天經地義的事，最後眾神宣判他無罪開釋。

此事成為史上第一樁有紀錄可循的法庭判例。至於他被審判時所站立的那塊石頭，後來稱為「阿瑞斯之石」（Areopagus），今天還在。《聖經》有一段故事描寫使徒保羅在雅典宣揚基督教，提到了他站在那塊石頭上傳道，並且與希臘的哲學家辯論。

當時的人只要有新的見解、評論或者其他任何值得表達的事情，都可以自行站上那塊石頭，說給那些有興趣聆聽的人聽。這一種自由的公眾論壇，性質類似今日電視或廣播裡的政論節目。希臘是第一個允許並且鼓勵這種自由的地方。今人所享有的自由言論作風，就源自於阿瑞斯之石。

阿瑞斯的頭號敵人是他那位精通戰略的姊姊，雅典娜。在所有孩子裡，宙斯最疼愛雅典娜。阿瑞斯假如被雅典娜打敗，就會像個孩子似的向父親宙斯撒嬌訴苦。這就惹怒了宙斯，使得他不同情阿瑞斯，甚至更加討厭他。說到阿瑞斯輸不起的個性，有個廣為人知的情節發生在特洛伊戰爭裡。阿瑞斯為特洛伊人而戰，雅典娜則站在希臘人那一邊（就是她想出了特洛伊木馬的主意）。有一回雅典娜用石頭擊中了阿瑞斯的頭，並安排一名希臘士兵前去傷他；他痛得大叫，立刻跑去向宙斯告狀，像個被寵壞的小孩。宙斯罵他沒出息，使得阿瑞斯成為眾神的笑柄。

阿瑞斯就是這樣：行事只憑感覺，看起來似乎獨立而且像個領導者，事實上他就像個任性小孩。他個性激烈而率直；只要看到了想要的東西就搶過來；想都不想便行動。獨立和自私的個性，或許有助於他求生存，並為他建立起戰神的形象，但是這種任由自己被情緒和情感支配的個性，也成為了弱點。感情用事的人，思慮有欠周詳，很輕易就會被雅典娜那樣聰明的敵人擊敗。

阿瑞斯性格上的另一個缺點是太自私。他能察覺自己的情緒，卻感受不到身邊的人有什麼需求。他是出了名的自私；他從不協助十二位奧林帕斯眾神！這也許正是宙斯討厭他的原因。為人父者總是希望兒子更像自己一些，當個具有談判和協調能力的領袖，能夠號令眾人團結，並吸引他人追隨。然而，阿瑞斯只顧自己，而且是不計代價。

阿瑞斯與1數的關係

戰神阿瑞斯的個性，正是1數的特質：獨立，非常清楚自己的感覺和需求，雖然可以像個領袖一樣明快做出決定，卻不善於領導別人，只在乎自己的生活，只想做自己想做的事。這種人的思考模式非常戲劇化：他們會把小節當成大事來面對，把重要課題當作小事來看待；把小狀況當成大難題，把無關緊要的小傷害看成性命攸關。他們的思考模式，使得他們與別人的溝通過程往往趣味橫生，但是因為細節被誇大了，所以資訊的正確性很低；而他們說話的方式可以誇張到近乎撒謊的程度。

這種人直來直往，從不隱藏自己的渴望和需求，這讓別人有機會選擇要不要接受他們。然而，他們有時候察覺不到別人的需求，這使得他們的直率作風顯得很自私而有心機。

1數人的特質是直率而想法實際，缺點是不擅長思考抽象的問題。這種人通常不喜歡花時間從事抽象的思考，因為他們不喜歡質疑與改變自己的想法。如果別人對他們提出質疑，

牡羊座與阿瑞斯

牡羊座的象徵圖案是一隻山羊，牠有一對磨圓了的大犄角，有危險之時，即以角攻擊——這是所有長角動物在備戰狀態時的標準姿勢。

牡羊座的名稱 Ares 就是戰神阿瑞斯的名字，不用多說都知道這兩者的關係。牡羊座生來只喜歡贏，不多加思考就採取行動，心思簡單，熱情而直率，有運動員的氣息。阿瑞斯既然是戰神，當然就喜歡戰鬥，不過他並沒有一支屬於自己的軍隊。

阿瑞斯的侵略性和坦率性格，清楚說明了牡羊座的特質，這也可以讓人知道牡羊座的一般反應，並且心裡有數，千萬不要期待牡羊座做那些他們不想做的事。

那麼就算有證據顯示他們錯了，他們還是硬要為自己辯白。他們相信自己是第一名，別人應該要支持他們，而不是與他們爭論，試圖改變他們。他們在捍衛自己信念的時候，簡直像個狂熱份子，一味認定自己所認定的事物是對的，行事很容易走極端，行動有欠思量。

愛情模式

關於愛情，戰神阿瑞斯的態度很開放，也很自我。他只要愛上了一個女子，就會不顧一切追求對方。但他和父親一樣，都不會對女人霸王硬上弓。他會讓女方知道，他對她感興趣，然後展開追求，直到對方接受他為止。他一旦談了戀愛，就會想辦法維繫這段感情，不過他可能同時還擁有其他的感情關係。

他沒有結婚，但是維繫著好多段長久的感情關係（二十個以上），跟其中每一個人生下了幾個孩子，而其中有幾個女子事實上是有夫之婦。他最有名的情人是愛神阿芙洛黛特。阿芙洛黛特本是火神的妻子，但和戰神阿瑞斯談了幾年戀愛，並為他生了四個孩子。阿瑞斯沒辦法專心只和一個人談戀愛，但他非常愛護自己的孩子，有時會殺掉那些對他孩子不利的人。

有一次，火神赫菲斯托斯再也無法忍受這種戴綠帽的婚姻，於是編織了一張看不見而且扯不破的網子，假裝外出工作，然後躲在草叢中守候，後來阿瑞斯上門了，火神便衝進臥室，把那對赤裸的戀人用網子罩住，然後呼喚眾神前來觀看。火神想在眾神面前判定這兩人犯了通姦罪，阿瑞斯卻說自己實在無法自制，誰叫火神為阿芙洛黛特製作了那樣一件特別的衣裳，使得她美豔絕倫，男人根本無法抗拒她！眾神哄堂大笑，判定罰款了事；但支付罰金的人其實是海神波賽頓，因為海神說，能看到阿芙洛黛特的裸體，花這樣一筆錢真是值得。

戰神阿瑞斯代表生命密碼裡的1數人。他們談起戀愛很直接，希望有人來愛自己與照顧自己。所以如果對方希望1數人也能反過來照顧他們，那麼這段關係通常難以持久。這並不是說1數人不願意付出，而是他們實在看得很清楚：假如要為了別人而改變自己，他們會覺得有壓力，他們寧願分手。他們要的是平等而誠實的關係，而這樣確實也才是健康的感情關係。只不過戀愛中的人很難完全誠實，尤其是在追求的階段更難做到。一般人在遇到了心儀的對象時，總會表現得比平時的自己溫柔一些、可愛一些、更樂於助人。1數人也是這樣。只有極少數的1數人例外。

一旦過了追求階段，關係穩定下來之後，人性的真實面就開始浮現。1數人一開始絕不會把自己的個性表現得很明顯，所以問題是在他們的伴侶身上開始出現：對方開始轉變，察覺到這段關係並不平衡，看見了1數人實在太自私。假如對方開口要求1數人多付出一些，這通常表示兩人的關係已走到盡頭。

人生課題

1數人有幾項人生功課要做。首先，他們要學會不以極端的態度看待世事。世上的事情不是非黑即白，卻往往介於黑白之間；唯有看到了各種各樣的灰色層次，才能有所領悟，才能解決問題。1數人說話很誇張，充滿戲劇性，看起來像在說謊；這種方式旦被別人看穿了，就不會再信任1數人。1數人假如能逐漸改變他們近乎誇張的溝通模式，慢慢就可以讓別人對他們有真正的認識，更接受他們的意見。

第二門功課：學著與人分享，學著關心別人，信賴別人。1數人必須明白「施比受更有福」的道理。真正的領導者會先對別人付出。唯有多多體貼別人的需求，才能取得別人的接納與信賴。對於天生想要獨立過生活的1數人來說，第二門功課很重要。

第三門功課：試著承擔風險。這就包括要接納新的見解和他人的批評。1數人在和別人爭論的時候，目的往往不是為了是非與真相，而只是想證明自己的重要性。他們即使做錯了，也要別人服從，以此證明別人很尊重他。從某方面來說，像是被寵壞的小孩。如果別人的論點可以成立，或者可以證明1數人確實錯了，那麼1數人必須謙虛，要輸得起；最重要的是要向別人學習，不要因為別人和自己爭論就找對方麻煩。必須學會廣納意見，學著與團隊共同工作，而不要低著頭只為自己打算。

學習人生課題之後

假如學到了1數的人生功課，就有能力運用這位武術大師的武器了。

戰神阿瑞斯最愛的武器是戰車。戰車的構造很簡單：有兩個輪子，輪軸以劍連接。阿瑞斯會坐在戰車上，輾過敵人的身體。這種戰車的作戰方式很原始：只要駕駛戰車，並以盾牌抵擋敵人的箭和矛就行了。

阿瑞斯為什麼會挑選戰車作為武器？因為身經百戰的他知道，以手持劍格鬥非常危險，也許最後會贏，但是格鬥的過程可能會換來一身傷，而且筋疲力竭。有了戰車，可以大大節省體力，可以在戰場上處於優勢位置，可以隨時轉向。不過要記得一個重點：必須引誘敵人接近戰車。

使用阿瑞斯戰車的抽象意義是：在朝目標前進的過程中，不需要與過程中的每一個人都正面交鋒。可以學著敏感一點，學著用輕鬆的態度面對問題，並且多多關心別人，這樣可以贏得別人的信任與靠近。如此一來，一旦機會來臨，帶著清楚的目標，並善用武器的優點，展開攻勢，毫不退縮，最後將可以取走戰利品，達成目標和夢想。

善用1數的威力

實現夢想的方法只有一個，那就是帶著熱情努力工作；我們需要有無窮的能量和勇氣，始終抱著一種永不放棄的態度。無論面臨什麼障礙，都必須想辦法完成事情。然而，在追求目標的過程中假如太用力，太過直接表現出自己的企圖，可能會被當成危險人物；別人會因為覺得我們自私而來阻礙我們。

因此我們可以學習阿瑞斯這位作戰專家的豐富經驗和精良技巧，把武器的優勢發揮得淋漓盡致——這正是阿瑞斯的影響力，1數的能量。

若想獲得更多的1數能量，就學著以二分法的簡單觀點看待事情，快速做決定。但不能莽撞，要坐在戰車上等待時機再出招。用既狂放又從容的姿態去追求目標；但要求自己只許成功不許失敗。把全部力量都投進去，然而又要敏於察覺到過程中的一切變化，這樣才能掌握時機。一旦等候已久的機會終於到來，這時必須態度明確而直接，不管情面，只顧自己。這樣做一定可以用最少的代價來達成目標。

這就是阿瑞斯1數策略：清楚的目標，把情勢安排成為適合吸引機會上門，善用武器的優勢。這項技巧可以應用在無數的事物上面。可以用它來培養需要長時間才能建立的私人情誼，也可以運用它來掌握瞬息萬變的商場機會。

生活提示

如果缺乏1數的能量，曾經試著使用方法在生活中導入這種能量，應該會發現它不容易長久維持，過一陣子就回到了原來的狀態。想維持1數能量有個好方法，可以使用各種有阿瑞斯圖案和象徵1數能量的物件。例如：穿戴紅色衣物，蒐集印有阿瑞斯圖像的T

恤、杯子、海報；或者戴上象徵阿瑞斯的配件飾品。

象徵阿瑞斯的物件包括：劍、狗、由馬拉曳的戰車、銅質的甕與花瓶、兀鷹。

舞蹈是與阿瑞斯有關的活動，因為阿瑞斯是先學會了舞蹈才學會作戰技巧，所以他也被視為舞蹈之神。下回覺得累了或想放棄的時候，就去跳個舞吧！也可以在家裡播放舞曲，隨著音樂起舞。在幾乎所有的文化裡，舞蹈都是戰士上戰場之前的儀式；所以，在早上上班之前先在家裡跳一段舞，可以提振精力，準備迎接忙碌的一天。當覺得疲倦，阿瑞斯1數的能量也可以鞭策我們向前；缺少這種能量將很難得勝，而且很快會偏離方向。這種能量可以讓我們擁有衝勁，不怕萬難。

還有其他方法可以提升阿瑞斯1數的能量：**學習武術**。武術的種類繁多，但都必須用一輩子的時間來學習，因為任何一種武術都永遠有進步的空間，都需要不斷學習。不斷鍛鍊身體，可以增強體力，有益健康，也能讓我們更了解自己的身體。會更能聽到自己身體所發出的聲音。學習武術也有助於減壓。有個好方法可以解除緊繃的情緒：找個拳擊沙袋，把問題當作是那個沙袋，然後猛擊沙袋，一直到覺得壓迫感消退為止。

阿瑞斯不會隱藏自己的感覺。研究報告顯示：坦然面對自己感覺的人最健康。憤怒時就咒罵吼叫；悲傷時就哭泣；快樂時，放聲大笑或微笑。這種人不會記恨；發完脾氣後通常就忘了當初為何而生氣。而那些隱藏自己的情感、凡事都藏心底的人最不健康。能夠釋放自己情感的人，將更能真正認識自己。想要獲得這種能量，必須先消除內心的衝突，並釋放壓抑的情感。先把自己的感覺弄清楚，才能吸收阿瑞斯1數的能量。

阿瑞斯的象徵物：戰車

阿瑞斯／1 數在人身上的作用

行為舉止：情緒起伏大．熱情．喜怒無常

體型：運動員體型．瘦．有肌肉

說話風格：熱切．專注．需要聽眾專心聆聽

衣著類型：可以襯托肌肉線條的緊身服裝．運動員服裝

與阿瑞斯／1 數相關的事物

幸運色：紅色

身體部位：手．聲音．嘴．牙齒

星座：牡羊座

2

Hera

希拉

希拉是婚姻與愛情之神，也被稱爲天后，因爲她嫁給位居奧林帕斯眾神之首的宙斯。關於希拉的故事把她描寫成兩種很不一樣的模樣：有的說她生性愛嫉妒，復仇心很重，有時很殘暴。另一類說法把她描寫成一個盡責的妻子，長年來默默忍受一切，從來不說丈夫的不是，總之是個模範太太；不管宙斯和哪個女子亂來或者有了小孩，她都不說話，雖然她也會想辦法除掉那些女子和私生子，但絕不會在外人面前指責宙斯。那麼，到底哪一面才是希拉呢？顯然這兩面的特質她都有。希拉默默忍受一個風流不羈的丈夫卻還是守在他身旁，無論如何都要保住自己的家庭和婚姻。

現代女性或許無法理解或接受這種個性的人。希拉的地位顯然和宙斯並不相等，她只是先生背後的影子。希臘人相信自由與民主，爲什麼要忍耐、甚至創造出這樣一個神呢？

這麼說吧，希拉不是唯一的女神，但在眾多女神裡面，只有她是自己決定要為人妻子，而且一直忍耐著婚姻所帶來的種種問題。希臘人知道，希拉做出了這個決定，就表示她要承受一切並失去自由，而他們敬佩希拉為了家庭堅持到底的韌性，這是所有為人妻者的典範。女性有很多種選擇：可以學雅典娜當個戰士，學阿特米絲無拘無束活在大自然裡，學蒂美特過著單親生活，甚至學阿芙洛黛特縱情戀愛，但是如果選擇了婚姻生活，就要以希拉作為典範。由於家庭是社會的基石，所以希臘很多地方都有供奉希拉的習俗。

沒多少人知道，近幾年希拉神廟是在電視上曝光機會最多的希臘神廟。為什麼會這樣？因為奧林匹克運動會原本在奧林匹亞舉辦，所以現在每一屆奧運會在正式開賽之前，都會從古奧林匹亞引燃聖火，由跑者握持火把，用接力方式跑過一國又一國，將火把遞送到運動會比賽場地。引燃聖火的儀式，就是在奧林匹亞的希拉神廟前舉行；在電視畫面上，扮演古希臘女祭司的女演員後面，就是希拉神廟的圓柱。照說，神話裡的奧運會是只有男性可以參加的，但今日的點火儀式上面有女性的參與，這種安排確實有一點不尋常。以前要是在奧運會上看到女性或奴隸，他們一定會被處死。今人使用女祭司出現在儀式上，原因無他，應該是與希拉神廟有關——現代的奧林匹克運動會也許悄悄用這個方式在向希拉致敬，懷想女性忍耐了幾千年，今日終於享有了自由。

希拉的神話

希臘眾神對於婚姻的看法和我們人類不同，所以，聽到希拉嫁給了她的哥哥宙斯，可別太驚訝。希拉長得非常標緻，有一雙出名的大眼睛——這也是為什麼母牛和孔雀被用來象徵希拉：母牛的眼睛很大，而孔雀尾巴的羽毛上面有眼睛圖案。

希臘、土耳其、埃及和若干中東國家的人，會在身上佩戴眼睛形狀的護身符，用來遮擋邪惡之眼。所謂邪惡之眼，指的是假如別人用充滿怨恨或嫉妒的壞念頭盯著我們瞧，這就像是對我們施法，使我們身體受傷、出意外、損失錢財，或者遇上其他壞事。既然眼睛是希拉的象徵，所以我們有充分的理由相信，佩戴眼睛形狀的護身符乃是古代遺留下來的傳統，用這方式來保護自己不受到從他人眼睛傳送出來的不良意圖。

宙斯與希拉墜入了情網，對她展開追求。後來他們結婚，在薩摩斯島渡了三百年蜜月，這是有史以來最長的蜜月，也是她一生最幸福的時光，因為花花公子宙斯居然把全副心思都放在她一個人身上。然而，蜜月期一過，他們回到了奧林帕斯，宙斯就故態復萌了。

宙斯的愛人實在多得數不清，然而希拉從不當著宙斯的面抱怨這件事，卻總裝作若無其事。真正令希拉受不了的是，宙斯似乎比較疼愛私生子，而不那麼愛他和希拉所生的子女！

希拉怒火中燒，忍無可忍，必須找管道宣洩。於是她把宙斯和情婦所生的私生子當作出氣筒。神話裡有許多故事描寫她如何追殺第三者和她們小孩。其中最有名的一段是，宙斯讓勒托（Leto）懷了阿波羅和阿特米絲這對雙胞胎，希拉為此把勒托追逼到天涯海角，不讓她把孩子生下來。然而，勒托產下的這對雙胞胎非常傑出，後來成為神，希拉也就接納了他們。

另外，在幾種版本的神話裡說希拉殺死了戴奧尼索斯的母親，然後雇用兩名職業殺手前去暗殺戴奧尼索斯，把他放在爐火上烹煮，以確定他真的死了。戴奧尼索斯得到眾神接協助，得以逃過一劫，後來並成為奧林帕斯的最後一位神。希拉最後也接納了戴奧尼索斯和他死而復活的母親。儘管希拉想盡辦法維護自己的家庭，但她畢竟是有感情的人；一旦情勢迫使她非改變不可，她最後總會接受的。

希拉不是沒有試著反抗宙斯。在宙斯年少輕狂的時日，眾神一度企圖推翻他，而希拉的任務是給宙斯下藥，好讓眾神把宙斯捆綁起來，讓他無法使用他的武器——閃電。希拉下了藥，但宙斯逃走了；最後宙斯把希拉吊起來，修理她一番；而希拉向他認錯，又回到她原本的角色。此後她只做過兩件算是反抗宙斯的事情。第一樁，她未經性行為就自行懷孕產下一子，火神。她的目的是要讓宙斯嫉妒；不過這個孩子跛腳，得不到希拉和宙斯的疼愛，被送往蘭姆諾斯島自生自滅（詳見〈赫菲斯托斯〉）。所以這項計畫失敗了，可是宙斯沒有嫉妒……只覺得有點沒面子！

第二樁，她離開宙斯，想看他是否會因此珍惜她，不再拈花惹草。她離開希臘到異鄉，很長一段時間沒人知道她的下落。宙斯總算開始思念她，並想了一個辦法把她騙回來：他宣布自己即將再婚，邀請眾神前來觀禮，於是希拉也來一探究竟。婚禮開始，宙斯揭下新娘面紗，大家發現原來新娘只是個雕像。希拉放聲大笑，這才與宙斯和好如初。幸好宙斯後來確實也減少了拈花惹草的次數，兩人過著幸福快樂的生活。

希拉與2數的關係

希拉的個性正是2數的特質：依賴心很重、喜歡與人相處、喜歡分析事物、在乎細節、情緒化、敏感、善於協調人與事。

這種人需要與人相處，也喜歡與人相處，還會黏著他們所親近的人。然而，正是這種情感上的依賴成了他們的問題，因為他們很快會發現別人反過來也開始依賴自己——會常聽到2數人抱怨，說他們不懂為何別人這麼依賴自己，希望別人不要這樣；不過他們很少因為心生不滿就馬上採取行動，也不容易斷然解決掉這些關係。

2數人眼中的世界並非黑白分明，而是充滿了各種層次的各種顏色。這種思考方式，若與他們其他的天分結合，譬如善於處理細節、擁有絕佳的分析能力、能夠組織人與事、能看出別人見不到的事物，確實是很棒的條件。

金牛座與希拉

金牛座的特質往往被描述為愛美、穩定、固執、忠實、努力工作，然而有注重表面的傾向。金牛座也常被說成是最好的先生或太太。

以前都說金牛座的代表神是愛與美之神，阿芙洛黛特／維納斯，然而愛神的性格與金牛座並不吻合，因為愛神並沒有真正工作過，而且她絕不是個情感忠實的妻子。

倒是希拉的個性才像金牛座，她老是盯著先生宙斯的花心事件，毫不放鬆，可是就算宙斯花心不改，希拉仍然守在他身旁。希拉也是婚姻之神，守護所有的先生與妻子。

然而，在做決定的時候，他們這種思考方式會把事情變複雜，特別是他們通常心很軟，往往狠不下心做出可能會傷害別人或自己的決定。從希拉的神話故事中可以知道，她到頭來還是無法離開宙斯，只能默默忍耐多年，幸好宙斯的個性總算成熟了一些。可惜現實生活的結局並不總是這樣美滿。

愛情模式

2數人非常喜歡戀愛中的親密和分享的感覺。從許多方面來看，2這個數字可說是愛的數字：英文裡的「六月」(June)，字源就是希拉的羅馬名字「朱諾」(Juno)，而六月向來是公認最適合結婚的季節。

2數人不需要藉由變換戀人來增添幸福感，一個優質戀人便已足夠，重要的是這個戀人在情感上能讓2數人依賴，樂於分享和表達自己的情感。不管所談的是多麼瑣碎的小事，不管要花多久的時間來表達，只要說話的內容深刻而真誠，2數人只需要說話就足夠。

2數人如果在情感上找不到強烈的歸屬感，便會轉移注意力。2數人具有一種「雙面人」的特質，可以活在兩種世界裡，而且展現出絕佳的表演能力。這種特質，可以讓2數人一方面維繫著地下戀情長久不為人知，而同時又保留著一個沒有感情的婚姻。

以希拉的情形來說，有不少神祇和男子對她有好感，然而她先生宙斯對周遭事物觀察入微，想辦法擋住一切，不讓希拉有機會發展地下情。希拉或許把宙斯這番舉動理解為他是出於愛情，她也可能因此才會想辦法趕走他的情人，而她素來殘暴的手法只不過是個手段，目的是為了讓宙斯知道她的深情。

人生課題

2數人的第一堂人生功課與依賴有關。偶爾依賴他人沒有什麼不妥，事實上，能找個人來依靠是很重要的事。只要能找到平衡點，懂得如何依賴、如何與他人共事或相處，依賴就可以具有正面意義。但是伴侶之間一旦變得過度依賴對方，這時問題就來了。

一旦2數人變得過度依賴他人，就會漸漸不知道該如何對待自己，陷入了自己不想要的生活而難以自拔。他們會漸漸失去自信，日子過得消沉而悲慘。最後他們會怨天尤人，責怪別人令他們失望，害他們失敗，害他們變得依賴，剝奪了他們的自由。但這樣做只會使情況更糟糕，因為問題的根源不是別人，正是2數人本身。

假如他們試著化解某個僵局，卻只會使得情勢更棘手。他們若是繼續和那些他們在相處上已經出現問題的人往來，就更不容易決定該如何處理這局面。於是他們會開始分析事情的利弊得失，但這只把事情變得更複雜；到最後他們會變得好像迷了路的人，找不到出路。

2數人陷入了挫折和沮喪的時候，他們的另一個特質會冒出來：隱藏自己的感覺。2數人會變得表裡不一：外表看起來很開心，心裡卻偷偷在哭泣。他們會就這樣過著表裡不一的生活。就算他們可以掩飾得很好，但這樣做並不健康。解決之道就是學習自己的人生功課。

2數人的人生功課是：看清楚情勢，不要放任自己過度依賴他人。換句話說，必須學著獨立，試著自己一個人去做事情，盡量不要找別人幫忙；交朋友時，對於別人的反應必須謹慎，小心不要讓自己太依賴別人，尤其是牽涉到金錢往來的時候。

到了該做決定的時刻，2數人必須聽從自己的直覺：依照第一個念頭做決定就對了。必須學著管理自己的分析能力，並且知道分析到什麼程度就夠了。做決定時需要勇氣，所以2數人假如不快速做出決定，拖久之後將會做不出決定，沒有辦法解決，到頭來甚至可能賠上自己的健康。2數人最好謹記：就算做出了錯誤的決定，也比不做決定來得好。

當然也可以用其他方法來解決這個問題：就依照希拉的行事風格，乾脆依賴到底。如果2數人坦然接受了某個棘手的局面——無論是配偶在外拈花惹草，還是被朋友利用，或者是過著並非自己真心想要的生活，只要全盤接受了，就可以繼續幸福美滿。徹底的依賴並不是容易做到的事，多數人不會因此過著幸福美滿的生活，因為這樣做表示不管局面多麼奇怪都必須接受。2數人必須認識到，人生是自己的，必須做出最善待自己的決定；一旦做了決定，就可以繼續依賴別人，而就算事情並不順利也不會責怪對方；只要還與對方維持著關係，就會盡情享受那種依賴的感覺。

學習人生課題之後

依賴心太重的人會出現一個問題：缺乏安全感。依賴心會變成絆腳石，使人無法往前追求自己的目標。希拉解決這個問題的方法是接受眼前的形勢，並努力維持這種局面。在藝術作品中的希拉，經常被描繪成坐在孔雀上，孔雀的羽毛伸展開來，上面有許多眼睛的圖案。眼睛的圖案經常象徵著觀察入微，而這個希拉圖像顯示了她是如何想辦法處理自己對宙斯的依賴：希拉即使看到了一切，卻還是接受現狀。她不是只在表面上接受而已，她是在看得很清楚了之後完全接受。雖然她試著擋住因為宙斯難改風流習性而帶來的不良後果，雖然她看穿了宙斯會在背地裡做哪些事情，她還是心甘情願守著他。

完全的接受，既解決了依賴和做決定的這兩重難題，也敲開了機會的大門——譬如2數人可以不必再過著裡外不一的生活，會開始察覺內心的真實感受，發現自己的生活目標，這時就比較容易做決定。2數人可以變得比較有創意，看待事物時會有新的觀點，並找到不一樣的方法來解決問題。

突然間，生活又變成是自己可以掌控的了。不久，2數人會愈來愈喜歡獨處；習慣了獨處之後，他們會希望時間永遠是自己的。人都需要時間獨處，思考反省，以免將來重蹈覆轍。2數人很需要維持這種獨處的習慣，因為他們總還是會遇見值得信賴的人、可依賴的人，這時可能會忍不住想回復從前的依賴習慣。

善用2數的威力

生活中，我們常常需要仰賴他人，這表示會有風險。許多人不喜歡冒險，因此不相信任何人，假如曾被傷害過，則更難相信別人。這種既不願意也沒有能力依賴他人的人，無法建立起親密關係，也交不到多少朋友；這樣的人與自己的感覺隔了一層距離，但這是不健康的生活方式，會造成身體與心理的問題，必須設法改善。

如果以前曾受到朋友或親人的背叛，卻從來沒有處理心中的憤怒和恐懼，那麼首先要正視自己的傷口。就像希拉的眼睛符號所代表的意義：正視自己的傷口，並且接受它的存在，然後學著釋放，把這個傷口拋開。有許多方法可把壓抑的情感釋放出來，但需要下一點功夫。關於這方面的資訊可參閱我的另一本著作《來自身體的聲音》。

關於信任和依賴的功課，可以向女神希拉學習。想要依賴，就要看清局面並完全接受局面，願意冒險，無論發生什麼事，都要打開心胸，當作一副事情早就在意料之中的樣子。要用堅定的態度面對「依賴」這個問題，一旦面對，就不許回頭——要像結婚誓約所說的「至死不渝」。

想要維持天長地久的婚姻，想要交到真心的朋友，想好好享受生活，想永遠忠於自己的情感，就需要有這樣強烈的冒險決心；希拉就是以這樣的態度對待宙斯，而她的堅持最後終於有了回報。對於所有的2數人來說也一樣會有回報。因為就算遭人背叛了，我們還是會知道自己真正愛過了一回，也希望以後有機會可以再愛一次。許多人談了戀愛，卻從沒有愛過任何人，這表示他們沒有真正體驗生命，不算真正活過。

還有一些時候用得上希拉2數的能量：必須處理大量細節的時候，譬如閱讀合約，或者分析事情的利弊。如果一向不擅長處理細節，不妨以希拉的故事作為提醒，觀摩她如何看清宙斯的作為，卻什麼也不說；她先分析形勢，然後擬定計畫對付宙斯的其他女人。這種力量可以幫助我們看清合約裡的陷阱，以及發現工作中的小缺失。越是能認清現實，就更有機會設想出更好的策略。

生活提示

如果缺乏2數的能量，曾經試著使用方法在生活中導入這種能量，應該會發現它不容易長久維持；過一陣子就回到了原來的狀態。

想維持2數能量有個好方法：可以使用各種有希拉圖案和象徵2數能量的物件。例如：穿戴橘色衣物；蒐集印有希拉圖像的T恤、杯子、海報；配戴象徵希拉的配件、飾品或圖案，例如眼睛、孔雀、母牛。

希拉代表2數，也代表占星學裡的金牛座，所以這是一頭母牛。因此，與金牛座相關的物件也可以用來象徵希拉。

既然**眼睛**經常用來象徵希拉，有個點子挺有趣的：選擇一副獨特的眼鏡或太陽眼鏡，然後把它當作自己的「希拉眼鏡」。當需要擁有2數能量的時候，就戴上這副眼鏡；這些場合包括：與別人合作、與人結盟、需要更信任別人、處理細節、分析事情。

在薩摩斯島上的希拉神廟裡，希拉雕像是穿上衣服的，而且還會定期更換。**服裝**可以把我們的身體包藏起來，而這是非常能代表希拉2數的特質。用服裝來象徵希拉可以很好玩，也很有效果。想增添2數能量，必須在衣服這件事上多花點力氣，讓服裝傳達出自己設定的形象。有個方法值得一試：把原有的服飾全部丟掉，然後買全新款式，把它們稱為希拉服飾，或是希拉風格。穿上這些衣服，會讓人想到希拉，並為我們引進2數的能量。

還有其他方法可以掩飾過錯，或者不讓別人看出自己的真面目，譬如戴假髮、蓄鬍子或是化妝。可以用這些方法來提示2數的能量；男人可以蓄鬍，女人把妝化得濃一點，尤其強調眼睛的部位！若能在這些方法上自得其樂，它們將更能幫助我們發揮2數能量。

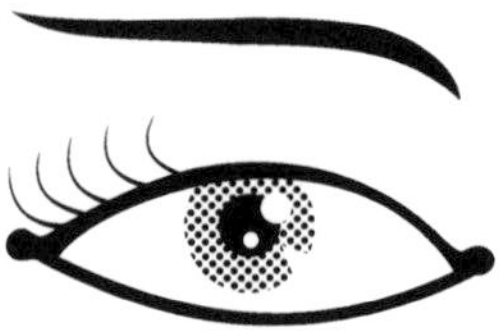

希拉的象徵物：眼睛

希拉／2 數在人身上的作用

行為舉止：親切・友善・凡事保密
體型：纖細・迷人
說話風格：喜歡說話・擅長分析
衣著類型：搭配得宜・注意細節

與希拉／2 數相關的事物

幸運色：橘色
身體部位：手臂・食道・胃
星座：金牛座

3

Aphrodite

阿芙洛黛特

希臘各地都供奉阿芙洛黛特這位愛、性與生育之神。畢竟人人渴望在愛、性與生育方面都順利。她在出生地賽普勒斯有許多信眾，後來在雅典也很受歡迎，不過科林斯才是她最重要的據點。

朝拜阿芙洛黛特的方式之一，是與神廟裡的妓女發生性關係，因此她的神廟以人潮眾多而惡名昭彰。在科林斯的阿芙洛黛特神廟裡有超過一千名的妓女，可眞是個熱鬧的城市啊。可想而知，科林斯吸引了來自希臘各地的信徒，香火非常鼎盛。

考古學家至今都認爲，阿芙洛黛特神廟服務的對象只限於男性，然而當時的人來到神廟其實懷抱著各種不同的動機。如果帶著饑渴的性需求而來，可以去神廟做愛；一旦性需求獲得滿足，就要向女神表示謝意。如果想找伴侶，可以到神廟獻上祭品，而與妓女發生性關係算是祭品的一種。如果想要有後代，但是和妻子屢試不成，就可以到神廟與妓女歡愛，但同時也和妻子繼續努力「做人」——這幫助了許多人解決生育問題。

近來有科學研究證實了這項做法的效用。研究顯示，男性的性伴侶假如不固定，他精子的數量和活動量都可達到頂點。這就多少說明了爲何婚外情的性關係比較容易懷孕。與神廟裡的職業妓女放肆享受性愛，有助於解決男性的生殖問題。

阿芙洛黛特的神話

說來，阿芙洛黛特該算是奧林帕斯眾神的阿姨，因為她父親是宙斯的祖父，而多位天神都是宙斯的後代。神話中提到，阿芙洛黛特的父親天空之神烏拉諾斯（Uranus）是大地女神蓋亞的丈夫。他們有個兒子克羅諾斯（Cronus）企圖篡位，割斷了父親的生殖器官，丟入大海，產生了泡沫；泡沫一路漂流，漂到了賽普勒斯島，從團團泡沫中，阿芙洛黛特走出來，上了岸——這段故事就是義大利畫家波堤切利（Sandro Botticelli）的名畫〈維納斯的誕生〉的主題。

這段故事使得阿芙洛黛特成為奧林帕斯眾神裡最年長的一位。許多學者認為，她在希臘創立之前就存在了，有可能是被腓尼基人引進了賽普勒斯，然後她的故事就在希臘四處傳開。不管她的歷史是什麼，阿芙洛黛特都是一位很特別的神，受到眾人喜愛，因為她性格單純、大方，而且美豔動人，不可方物。

阿芙洛黛特既然是最美麗的女神，大家一定認為她應該會嫁給最英俊的神祇，但事實並非如此。她後來嫁的是最醜的神，赫菲斯托斯，而且他有一隻腳並不正常。然而，阿芙洛黛特並沒有因為結婚了就不再和其他神祇或男子發生性關係；至少她覺得這是「開放式婚姻」。她先生赫菲斯托斯縱然不喜歡她到處留情，卻也不阻止。或許這就是為什麼她會嫁給他，因為火神覺得能娶到她就該心滿意足（而他自己能結婚也真是該謝天謝地），所以對於她私下的作為並不加以責備。

與阿芙洛黛特生過孩子的神，包括海神波賽頓、天神宙斯、戰神阿瑞斯、酒神戴奧尼索斯、使神荷米斯；以及凡人阿多尼斯（Adonis）、牧羊人安契西斯（Anchises）。她和安契西斯所生的兒子埃涅阿斯（Aeneas）後來成為義大利開國英雄。她的孩子們共同鞏固了她愛神的地位。

她和宙斯生下厄洛斯（Eros，羅馬名字是邱比特）；他的外形像天使，有一雙翅膀，會把愛之箭射進人們心坎裡，中箭的人會瘋狂墜入情網。

她和戰神生下的兒子安特洛斯（Anteros），專門懲罰負心人。

她和戴奧尼索斯生下兩個兒子，分別是婚姻之神赫門（Hyman），以及色慾之神普里阿普斯。

她和荷米斯生下了雌雄同體的赫馬佛迪特斯（Hermaphroditus），這名字成為醫學名詞，專指因為基因變化而擁有雙性器官的人。

一個結了婚的愛情之神竟然會帶頭淫亂雜交，還產下私生子女？如果認為愛神立下了壞榜樣，那麼實在不了解愛神的特質。她可不是代表節制和傳統婚姻的人物，那是女神希拉的工作。愛上了宙斯的希拉，默默忍受一切，耐心守候在他身旁，但那是希拉的愛情觀。阿芙洛黛特認為，愛情不可受到壓抑，一旦愛上了一個人，就要不計一切代價得到對方。

阿芙洛黛特長得實在太美，許多人愛上她，而她也經常墜入情網；她認為實在不需要壓抑自己的感覺和熱情。有個故事，一個叫葛勞克斯的男子不讓自己所養的馬兒交配，這就違背了愛情法則和阿芙洛黛特的原則，她無法看著那些馬兒受折磨，於是讓馬兒把男子從馬車摔出，然後把男子吃掉！

阿芙洛黛特認為，一旦有了愛戀，不論愛的是人，或是某種想法、某個場所、某個物體或任何其他事物，都應該勇敢爭取。最糟的做法莫過於壓抑和掩飾自己的感受，以為自己沒有資格爭取自己的愛。

神話中有個非常美麗的女運動員雅特蘭塔（Atlanta），她丈夫慘死之後，她無意再婚。但她父親非常堅持她非再嫁不可，於是她說，只要有人能跑贏她，她就嫁給對方。但若是輸了，就得處死。很多男子或運動員都想娶她，但都失敗並且被處死。眼看恐怕沒有人娶得了她。後來有個男子愛上她，想娶她為妻，但是知道自己假如硬要去比賽，必定難逃一死。但他愛得太深了，最後決定就算會死也要追她，因此他還是參加了賽跑。在比賽前夕，他祈求愛神協助；愛神現身了，賜給他三顆金蘋果，並且指點了他若干手法。

隔天早上，他參加了賽跑。雅特蘭塔可能是因為一直沒有人能贏她，不禁心想：「這真是浪費時間！」一開跑，她就超前。男子丟出一顆金蘋果；雅特蘭塔停下來撿蘋果，男子趁機超前。看到對方領先，她立刻迎頭趕上，再度超前。這時男子又丟出一顆金蘋果，她又停下來撿，他再趁機超前。就在即將抵達終點之際，眼看她就要追上了，此時他丟出最後一顆金蘋果，她再停下來撿蘋果時，他一舉贏得勝利，也同時贏得了美嬌娘。

這故事充分說明了愛神的真諦：愛情的威力無人能擋。從阿芙洛黛特的故事中我們懂得要掌握愛的力量，要放手去愛，不要壓抑自己。然而，墜入情網可不是容易的事。首先必須知道自己要什麼，然後去尋找它，或者在遇到它的時候能認出它（有時我們必須看到了或者經歷過了，才會知道自己要什麼），然後必須放手去愛——這就有點恐怖了，因為這會要冒著失去一切的危險。許多人從來不知道自己要什麼，就算知道了也沒有勇氣冒險或放手嘗試，接受愛情的到來並想辦法爭取它。

阿芙洛黛特與3數的關係

阿芙洛黛特的性格可以用生命密碼3數的特質來說明：知道自己的目標是什麼，絕不退而求其次，理想主義作風，愛美，擅長溝通，喜歡交際，富有創意心靈。

許多3數人的夢想很明確：理想的伴侶必須長什麼樣、開什麼車、穿什麼樣的衣服、住什麼樣的房子，他們把種種條件列得很清楚。相較於很多人並不清楚自己的目標，3數人能有夢想當然很棒——問題在於，沒有幾個3數人會願意為了達成夢想而不計一切付出。因此許多3數人始終無法滿意於現實生活，認為一定是自己不夠好，才會達不到夢想；否則就是認為既然不可能達到夢想，又何必追夢呢！

此外，3數人的社交手腕很高明。他們也喜歡照顧別人，讓所有人都覺得舒服，他們擅長社交，常常逗人開心，讓人輕鬆自在。

整體來說，3數是開心的數字，代表被寵壞的小孩，有才華，缺點是固執和無法忍受批評。

雙子座與阿芙洛黛特

雙子座的象徵圖案是一對雙胞胎，卡斯托與波路克斯（Castor and Pollux），他們是海倫與特洛伊的兄弟。卡斯托與波路克斯是斯巴達人，生性活潑，不受拘束，而他們最強烈的情感是他們對彼此的情感。

雙子座有雙重性格或是分裂性格，但兩者並不分開。卡斯托被人殺害之後，波路克斯願意用自己的性命來交換讓孿生兄弟活過來。

在奧林帕斯眾神裡面，只有愛神阿芙洛黛特具有類似的個性，她總是率性而為，依循自己的熱情過人生，甚至因此促成帕里斯和海倫在一起，而引發特洛伊戰爭。此外，阿芙洛黛特也過著雙面生活，在與火神的婚姻中大搞不倫之戀，並生下數個私生子。

以阿芙洛黛特的故事來說，有一次，奧林帕斯舉辦選美比賽，於是雅典娜、希拉、阿芙洛黛特等三位女神報名參賽。裁判是一位凡間男子帕里斯（Paris），他是特洛伊城的王子。阿芙洛黛特不想輸，於是向帕里斯行賄，說只要讓她贏，她就會把斯巴達國王米勒勞斯的妻子，也就是全世界最美麗的女子海倫，送給他當妻子。最後阿芙洛黛特贏得比賽，而帕里斯贏得了海倫，結果引發了特洛伊戰爭……，多少人因為這場選美比賽而喪命！

又有一次，海神波賽頓的六個兒子批評並羞辱她，於是她令他們全部陷入瘋狂，還安排一群歹徒去強暴他們的母親。關於她受不了別人批評的故事還有一個，有一群女子住在一個叫做愛司提帕拉的希臘小鎮，她們自認比阿芙洛黛特還美，於是她就讓這些女子的頭上全部長角。

還有林諾斯島（Lemnos）上的女子不肯膜拜愛神，不接受她的指示，於是這位美神就令這些女子的身體發出異味，使得她們的丈夫因此拋棄她們，另娶色雷斯的女子為妻。後來這些身體發出臭味的女子挺身反抗，殺掉自己的丈夫和子女，然後把他們丟入大海！

3 數與美和創造力的關係，由於阿芙洛黛特而流傳不朽；她是有史以來最美麗的藝術品。奇怪的很，許多人明明具備了這種愛美的天賦卻不自知，其實這是因為他們從來沒有去開發培養這項天賦；然而他們分明對於事物美醜的感受力很敏銳，而這是所有需創造力的工作所不可或缺的能力。

愛情模式

關於愛情，阿芙洛黛特的態度可以用兩個字說明：坦白。如果她喜歡上一個人，她不會隱藏自己的感覺，無論如何都會忠於自己的感覺。不是人人都能這麼直率，這樣充滿自信，敢為了追夢而冒著失去一切的風險；因此，阿芙洛黛特為這類型的人樹立了典範。不過，如果只是在肉體層面效法她，隨便就和看上眼的人發生關係，可會博得壞名聲，說不定還會染上性病！

3數人應該要誠實面對自己的感情。如果不喜歡對方，何苦隱藏真相，默默忍耐？寧可自己一個人，繼續等待理想伴侶出現，也不要默默守著一個不適合自己的人。如果愛上了一個人，卻沒有表白，那就請拋開恐懼，想辦法讓對方知道自己的心意。這種直率作風有助於打破僵局，贏得摯愛；如果表白之後沒有結果，至少可以死了心，不再浪費時間，而可以尋找下一份戀情。

人生課題

3數的人生課題與「理想主義」有關。許多3數人過得很不快樂，很不滿足，這是因為他們的眼光太高，目標太不切實際。他們總會認為：「一定要達成目標才會快樂。」如果他們長久處在這種挫折狀態，最後甚至會賠上健康。而3數人會有這種問題，一部分的原因是他們看事情實往往只看表面、只看外貌，不肯深入探究；因為他們怕一旦深入之後會證明他們錯了。他們的本領是看見事情的概括樣貌，但是深究細節就不是他們的能力了。

知道自己要什麼，這不是壞事；問題是要在得到了它之後才會知道它是不是自己要的東西。如果不懂這個道理，就會浪費時間追求一個也許不如想像的目標。這就像一個小孩每天哭鬧著要吃糖，把父母吵得受不了，只好想辦法給他糖吃，但最後發現孩子突然安靜了下來，父母發現自己錯了，小朋友根本不喜歡那糖果。這就是3數人，他們要到了自己想要的東西以後，發現那不是自己真心喜歡的，於是重新訂定目標。他們可以學到重要的一課：要知足。讓自己從一個被寵壞的孩子變成溫和的優質孩子。

生命的真相是這樣的：生命中沒有終極的美、終極的好，沒有什麼所謂的「最」好！

再好的東西都可以被取代；一件事物不管帶來了多少快樂，它也會帶來悲傷。真正的終極做法，是檢視自己所擁有的事物，分辨它們所包含的那些美好，仔細體會生活裡的單純，這才是通往幸福的真正道路。

3數人必須學著不再作白日夢，而要採取行動，不計代價追求夢想。3數人只要達成了目標，就能看清楚自己的理想到底是怎麼一回事，然後朝向另一個更美好的目標邁進。然而，3數人通常必須先吃了苦頭才學得會自己的人生課題，因為他們不願聽取別人的批評和建議，要到吃夠了苦頭的時候，才會反省別人給過的建議和批評；這時他們終於得到教訓，開始邁向成熟。

學習人生課題之後

在學習3數的人生課題時，可以認識到那顆人人垂涎的金蘋果有什麼樣的威力。3數人老是覺得自己沒有得到最好的事物，只是屈就於第二選擇，看凡事都不順眼，卻又認為不可能實現自己的理想——假如他們開始對自己有信心，開始朝理想邁進，也就是開始去追尋他們的金蘋果，萬一到頭來證明這竟然是一場惡夢，他們會再丟出另一顆金蘋果，繼續追逐下一個夢想。

他們會不斷嘗試，直到他們的所有夢幻全部破滅，這時的3數人終於煥發出佛陀般的氣息，對生活感到滿足。以前嫌自己的外貌不夠出色，如今突然覺得那也無所謂；以前嫌錢不夠多，如今覺得錢夠用就好；以前是個被寵壞的孩子，挑三揀四，如今變得成熟而有智慧；以前每天都因為事情不完美而過得很痛苦，現在他們總算可以放輕鬆，享受生活。

這樣的轉變，可以讓他們比較能接納批評和建議，少犯一些不必要的錯誤。這樣的成熟態度、開闊心胸和自信，可以帶領3數人仿效阿芙洛黛特的人生哲學，依循自己的心和熱情往前進，體驗美好人生。

善用3數的威力

有人說：活著卻沒有夢想，好比沒有活著。這句話確實有幾分道理。最有收穫的人生是知道自己想要什麼並且努力追求目標，而且覺得自己在做著天生就會做的事情——聽起來真不錯，但實在有太多人不知道自己在人生裡要什麼，也毫無夢想。

有一個好方法可以幫助我們確認知不知道自己的目標何在：想像一下，九十歲的時候，臨終之際回憶過去的一生。知道自己有哪些成就嗎？對那些成就感到滿意嗎？沒有夢想的人因為活著沒有目標，通常會回答說：「這問題真無聊，反正我活不了那麼久！」他們說不定是對的——研究顯示，長壽的人有一個共通點：他們都認真做著自己喜歡做的事，或者是做讓自己覺得被別人需要的事情。

有些人退休後不再從事自己喜愛的工作，往往會突然罹患重大疾病，活不了太久。身心是相互影響的；不快樂的時候，身體的免疫系統會變弱，很容易生病。想要快樂，就必須積極追求自己在事業、愛情、心靈成長等一切事物上的夢想。

古希臘人來到墓園時會問：這個人對什麼東西最有熱情？古希臘人覺得，依循著自己的熱情往前過日子，人生就不會白活。3數的能量可以幫助我們找到自己的熱情，會讓我們擁有力量拋出一顆誘人的金蘋果，幫助我們創造出讓自己想要為它而活的夢想。

3數能量會讓人聽從直覺而行，去尋覓自己的真愛；一旦找到了，就必須像嫁給它似的對它忠實，不受任何事阻礙，天天跟它在一起，讓它成為我們的人生任務。這麼一來，等九十歲的時候回顧一生，會覺得死而無感。

這樣的方向，對於那些因為得不到自己想要的目標、或是根本不知道自己要什麼東西的人，特別可以起作用。3數能量也對於那些為前途感到茫然的學生大有效果。採取3數的能量，可以讓我們知道人生道路該怎麼走；當一時迷失了方向，也需要找尋或是重新喚起3數的能量。

在必須運用創造力來解決問題的時候，3數的力量可以派上用場。這股能量所帶來的美感和格調，可以應用在各個領域裡。創造力這東西很有意思：人在發揮創造力的時候會得到一種深刻的喜悅。這是因為創造力是一種表達自己的方式，有助於釋放內心的情感和情緒。人人都應該培養一個需要運用創意的嗜好，讓自己常保健康。

生活提示

如果缺乏3數的能量，曾經試著使用方法在生活中導入這種能量，應該會發現它不容易長久維持；過一陣子就回到了原來的狀態。

想維持3數能量有個好方法：可以使用各種有阿芙洛黛特圖案和象徵3數能量的物件。例如穿戴黃色的衣物、蒐集印有阿芙洛黛特圖像的T恤、杯子、海報；佩戴象徵阿芙洛黛特的飾品，例如蘋果（尤其是金蘋果）、天鵝、各式美麗的鳥類。

今人一直記得阿芙洛黛特，很重要的原因之一是許多藝術品都和她有關。以她之名所做的雕塑作品有各種式樣、各種規格；許多名畫以她為主角，例如先前提到的波堤切利畫作。阿芙洛黛特既然是美的化身，所以不妨買件**精緻的藝術品或小物件**，把它當作是阿芙洛黛特送的禮物，看到它就會想起3數的能量，幫助我們在生活中保有熱情。

跟著**熱情**往前進的方法有很多，如品嘗美食、穿上漂亮服裝、住舒適的公寓、造訪像希臘那樣的美麗國家、培養嗜好；只要是自己喜歡的都好，都當作是為了召喚阿芙洛黛特的3數力量而做。

古希臘人把**軀體之美**看得非常重要，他們花許多時間運動，注意飲食，經常修飾儀容。如果不滿意自己的外表，可以從事健身運動，譬如散步、做運動、游泳，或者上健身房鍛鍊肌肉。有些人喜歡每星期去一次SPA，全身按摩、美容做臉，讓自己覺得變美麗了。

阿芙洛黛特的象徵物：蘋果

阿芙洛黛特／3 數在人身上的作用

行為舉止：溫和・友善・嫵媚
體型：圓潤肉感・性感・好看
說話風格：喜歡微笑・喜歡閒聊・風趣
衣著類型：追求時尚・性感

與阿芙洛黛特／3 數相關的事物

幸運色：黃色
身體部位：肩膀・胃・眼睛
星座：雙子座

4

Dimitra／Demeter

蒂美特

女神蒂美特很受希臘人的看重，因爲她是灶神，也保佑各種作物的生長，特別是小麥、大麥和玉米等大多數人賴以爲生的穀物——所以她的羅馬名字克瑞斯（Ceres）就成爲了英文裡「穀物」（cereal）一字的字源。希臘全境都有蒂美特的神廟，其中最主要的一座是在雅典市郊的伊魯西斯（Eleusis）地區。伊魯西斯一帶有農田和原野，所生產的糧食提供給雅典，此地也就理所當然成爲了供奉這位豐收女神的地點。

這座蒂美特神廟成爲「伊魯西斯祭典」（Eleusinian Mysteries）的重鎮，這項祭典一年舉辦兩次，歡慶蒂美特與她女兒波瑟芬妮（Persephone）從冥界來重逢。這項祭典的儀式裡顯然包括了服用一種從不知名植物萃取而得、有迷幻作用的物質，這是爲了讓女神與參加儀式的眾人直接溝通。她會讓參與者看透生前死後的眞相，幫助人們更熱愛生命，而且不再畏懼死亡。（今日科學家推測，參加儀式的人所服用的藥物，可能是迷幻毒菇、大麻或藥草，或是從大麥上的黴菌提煉出來的物質。）

豐收之神教導人們關於如何面對死亡？聽來似乎奇怪，不過這是有原因的。蒂美特的女兒波瑟芬妮，嫁給了冥界之神和死神黑帝斯（Hades）。但黑帝斯事實上是宙斯、波賽頓和蒂美特的哥哥，卻娶了自己的姪女——這聽來像是亂倫，不過我們不能用人類的通婚規矩來看待神明。希臘人相信，既然波瑟芬妮可以藉由蒂美特神廟而重回陽間，那麼，那座神廟不就是某種通向死後來生的通道？而由於前來祝禱的人有可能在這座神廟裡接觸到死去的親友，所以這裡就成為某種祭拜先人的據點。

這儀式在希臘非常受到重視，在舉辦儀式的五十五天裡，所有的希臘城邦都必須停戰，不得有任何戰事，受重視的程度相當於舉辦奧林匹克競技賽。這項儀式對人們帶來多大的衝擊呢？有個故事是一個印度國王的使者造訪希臘，參加了蒂美特儀式之後，他想表現出他已經完全不畏懼死亡，便走進火中，結果死了。這項儀式的歷史超過了兩千年，被認為是希臘信仰的核心，是把希臘人民團結起來的支柱。

蒂美特的神話

蒂美特是宙斯、希拉、波賽頓、黑帝斯和赫絲蒂雅（Hestia）等人的姊妹。她有一段奇特的身世：她與兩名兄弟和兩名姊妹一起被父親活活吞下肚，還好宙斯給她父親服下了催吐劑，這才把蒂美特等人吐了出來。相較於其他神祇，蒂美特的作風顯然很低調，她的主要工作是供應世界萬物所需要的食物。她從來不會像眾神那樣去干預其他生命的生死，而只專注於自己的職責。大家都很感激她、喜愛她，除了那個掌管冥界的兄弟黑帝斯。

蒂美特和宙斯生了一個美麗的女兒，被宙斯取名為波瑟芬妮。波瑟芬妮有一次在原野玩耍，引起了黑帝斯的注意並愛上了她。黑帝斯在地上開了個洞，爬上地面，把她抓到冥界。蒂美特聽到女兒的叫聲，跑過來了解狀況，卻什麼也沒見到。她找遍了整個世界，日以繼夜，不吃不眠，怎麼樣都找不到女兒。

蒂美特在路上遇見了一個老人，對他說起自己的難題。老人說：「我懂你的痛苦。我有一個兒子在家裡，病得快死了。」蒂美特深受感動，便與老人一起回家去看他兒子，路上只停留一次，採集了一點罌粟屬的植物。到了老人的家，她親吻了他兒子的臉頰，而這年輕人就恢復健康。於是蒂美特贏得了「憐憫女神」之名。

她繼續上路尋找女兒。最後，她問了那時候的太陽神赫里歐斯（Helios）——彼時阿波羅尚未接掌這項工作，問他有沒有看見什麼。他說，波瑟芬妮嫁給了黑帝斯，成為死人與冥界的皇后，麻煩的是，宙斯同意這段婚姻，畢竟他是波瑟芬妮的父親。蒂美特覺得被背叛了，非常難過沮喪。

為了表示不滿，她表示不再繼續擔任穀神。她離開奧林帕斯，前往伊魯西斯，偽裝成一名老婦人，並且被帶到皇室當女傭。她負責撫養一名王子，得摩豐（Demophoon），而她旋即愛上了得摩豐。有一天晚上，她決定要讓得摩豐成為永生不死的神，就把他抱至火上一呎高的地方——這是成為神的儀式之一。這時得摩豐的母親走了進來，加以阻止，以為這個老婦人打算燒死她兒子。這時蒂美特卸下了她的偽裝，眾人這才明白了她原來是女神。蒂美特斥責了那位母親，然後要求把供奉她的神廟建在此地。待神廟建成，她便住進去了。

在這段時間，地球的自然循環停止了作用，糧食不再生產，地球進入了恆冬狀態。宙斯派出使者去找蒂美特，要她回來解決問題；但蒂美特表示，不把她的女兒從冥界釋放出來，她不會回去。蒂美特的固執最後逼得宙斯讓步，派遣荷米斯到冥界與黑帝斯談判，把波瑟芬妮放回來。

不過，波瑟芬妮在離開冥界之前，吃下了一顆別人給的石榴，而她自從被抓進冥界以來沒有吃過任何東西。波瑟芬妮返回了人間，母親蒂美特問她的第一句話是：「妳在冥界吃過任何東西嗎？」她說吃了，這就表示波瑟芬妮那年必須回冥界四個月。但這總好過完全不能見面。女兒回來了，蒂美特很高興，地球也恢復了正常，糧食再度開始生產——但波瑟芬妮回冥界的那四個月並不生產，這就是我們現在的冬天。

從那時候起就形成了「伊魯西斯祭典」，並維持了兩千年，一直到基督教在希臘興起後才式微。蒂美特不只是豐收女神而已，還是冥界皇后的母親。她的女兒波瑟芬妮把關於死後世界和生死之間的知識帶回人間，讓人類知道如何屏除生命中的不安，特別是對於死亡的不安。

蒂美特與4數的關係

蒂美特的性格代表了生命密碼4數的特質：尋找並營造安全感，心裡強烈渴望安定，比誰都害怕不確定的狀態，不喜歡改變，討厭冒險，喜歡組織，善於看出如何改進事物，讓事物變得更加穩定。4數有時候非常固執，因為他們不相信那些沒有確切證據的事情。

4數人假如落了單，日子會過得很不好；尤其是在遇到離婚、孩子長大離家或親友死亡之類的突發事故，他們特別難以適應，會變得一蹶不振，抑鬱寡歡，假如不想辦法填補內心的空虛，他們可能就會生病，甚至因此死亡。

4數人這種追求穩定的傾向，使得他們不喜歡激烈的改變，尤其不愛冒風險。有一句話說：「如果東西沒壞，就別修理。」這正是4數人的想法。為什麼要重新發明一種輪子？只要把現有的輪子加以改良，在不做太大改變的情況下讓它變得更穩定可靠，這樣做不就好了。

巨蟹座與蒂美特

神話裡面用螃蟹來作為巨蟹座的象徵，螃蟹不惜用自己的生命來保護自己的朋友。巨蟹座生性敏感，有充沛的母性本能，溫暖熱情，值得倚賴，而它的防衛心之強烈，位居十二星座之冠。

希臘神話裡面，以穀神蒂美特的特質最像巨蟹座。身為大地之神的她，在女兒被擄走之後，茶不思飯不想，傷痛欲絕的程度，居然可以令天下的人類與動物都死去。眾神裡唯有她在子女遇到傷害的時候展現出這般激烈的反應。

蒂美特也是眾神裡面的最佳母親典範，她提供了一切食物的來源，可以說是萬物之母。

這種人生哲學非常強而有力，是大多數富翁致富的關鍵態度。承擔的風險越少，所可能承受的損失就會越少，如果能在已經證明有效的方向上面繼續努力，最後就能致富。一直冒出新點子、不斷承擔風險的人，通常會落得一文不名。4數人這種執著於在已經有效運作的事物上繼續努力的態度，為他們帶來了成功，而蒂美特的故事是很好的示範。

愛情模式

關於蒂美特和宙斯的愛情，以及她如何懷了波瑟芬妮的情節，希臘神話裡沒有多說。蒂美特通常被描寫成一個性格穩重而心軟的單親媽媽，而她憑著愛與慈悲，克服了生命路上的一切障礙，包括她被強暴的那一次經歷。話說海神波賽頓被蒂美特吸引，想要霸王硬上弓；蒂美特抵抗到底，把自己變成一匹馬，跑進了馬群裡。波賽頓見她這麼做，便也化身為一匹公馬，衝進馬群強暴了她，讓她生下兩個孩子，一個是美麗的仙女黛波艾娜（Despoena），一個是神馬亞里恩（Arion）。這件事之後，她並沒有想辦法報復或要求還她公道，只以一貫的慈悲態度表示就讓這件事過去吧。她認為以暴制暴並不是正確做法，錯事已經鑄成，報復了又能如何，一切就留給宙斯處置吧。這態度很像俗語說的「惡有惡報，不是不報，時候未到」。

蒂美特面對愛情時，不會做太多關於完美愛情的遐想。她只專注於真實的生活、手邊的責任、照顧女兒。女兒波瑟芬妮是她的真愛，對她來說，有女萬事足。蒂美特是個單純的女神，她順其自然，而心中很清楚哪些是她最在乎的事物。

人生課題

4數的人生課題是：必須克服沒有安全感的感覺，而這種不安正是恐懼的另一個名字。生活裡充滿了令人害怕的不安，譬如害怕孤單，擔心所愛的人會離我們而去，害怕沒有錢、失去健康或生病，以及恐懼死亡。一個人的恐懼感如果太過強烈，將會失去享受人生的能力。

需要學習4數課題的人，必須克服自己心中所有的恐懼和不安，至少要了解它們、與它們共處，用比較恰當的觀點來看待它們。在現實生活裡，沒有任何事是完全安穩牢固而不會改變的。夫妻會離婚，情侶會分手，金錢會貶值，人會因為不是自己的過失而被連累破產，再怎麼注意健康的人還是會生病，而所有人最後都不免一死。

為了克服對這些風險的恐懼，我們需要把精神用來關注自己想要過什麼樣的人生，而不是一味擔心將會遇到什麼風險。要釐清自己的人生觀，問自己一些問題，例如：現在生活的目標是什麼？生命的意義是什麼？此外還需要擬定計畫和目標，讓自己在自己的內心深處就找到安全感，不需要依賴外在的人或事物來提供安全感。內心一片空白的人，會死命抓住已經擁有的東西並且害怕失去它們，這卻會導致失去一切。

想要得到安全感，首先要深入內心探索自我、發展自我，認識真正的自己，以及自己有哪些天分才華，然後建立起一個讓自己不需要別人也能覺得幸福的人生。有了讓自己感到充實的工作事業或生活目標之後，便擁有了不會被別人奪走的事物；我們會因為忙著享受自己在付出之後得到的收穫而不再在意風險，發現真正的安全感。人在努力實踐人生計畫的時候，會得到滿足，覺得充實，大大提升自信心，而這可以創造更健康的生活。快樂的人，不會感到恐懼。快樂可以讓人健康。

想完成4數的課題，就要把人生放在自己所選擇的軌道上，並在發展自我的過程中找到安全感。然而我們在建立事業、愛情、友情的時候，經常會面臨誘惑，想回到原先自己那種缺乏安全感的心態。我們會動搖，不想再堅持要達成自己的目標，而想要妥協，乾脆配合外在環境算了。但假如屈服了，我們內心會生出受挫的感覺，而所有的不安全感很快就又回來了，這麼一來就得重新再修一次這門課題。最好是一次咬著牙學到底，不要動搖。

學習人生課題之後

出現在藝術作品裡的蒂美特，往往被描繪成一位手拿玉米或麥束的女神。這圖像顯示了她的力量是在工作上努力不懈，固守職責，持續生產糧食供應世界之所需。只要學習蒂美特所代表的4數課題，就可以穩定生活，專注投入自己所熱愛的事物。

把生活焦點放在建立和生產的工作上面之後，我們就可以像蒂美特女神一樣，由於自己可以讓事物如常運行而感到滿足。我們便不需要冒險，而恐懼也會遠離。我們可以建立起更健全而長久的關係，與各式各樣的朋友相處都很開心。最大的回報是金錢上的好處，因為我們所專注的牟利方式確實帶來了回饋，而持續的努力可以更提高利潤。世界上許多鉅富就是以這樣的方式賺大錢。

善用4數的威力

前美國總統柯林頓曾經指出，缺乏自尊自信成為了今日美國最嚴重的心理問題，這也可能是全世界的問題。我們從小就必須在考試、人際關係、別人的評價等等事物上面與人競爭。但是誰都不可能在各方面都當上第一名，因此很多時候我們會被認為不夠好，使得我們懷疑自己的價值。隨著我們逐漸成長，這些對自己的質疑會形成固定的框架，而我們由此來做出人生裡的各種選擇。

4數的力量可以幫助我們集中焦點，從擔心自己所害怕的事物，變成正視這些恐懼的情緒，進而有能力採取行動來讓事情好轉。這股力量可以幫助我們面對不安，處理各種因為換工作、損失金錢、搬家、離婚、感情遭背叛，甚至是所愛的人死去等等改變而來的恐懼。這股力量也可以幫助我們面對新工作或新機會，在我們擔心自己無法做出大幅度的改變或承擔較高風險的時候，給予我們力量。4數的力量有助於克服不安和恐懼，讓我們繼續努力，讓我們從創傷中復原，重建自信，儘管前途未知，仍然可以尋找自己的幸福。

生活提示

如果缺乏4數的能量，曾經試著使用方法在生活中導入這種能量，應該會發現它不容易長久維持；過一陣子就回到了原來的狀態。

想維持4數能量有個好方法：可以使用各種有蒂美特圖案和象徵4數能量的物件。例如：穿戴綠色的衣物、蒐集印有蒂美特圖像的T恤、杯子、海報；佩戴象徵蒂美特的飾品，例如小麥和玉米、蔬菜、水果（除了石榴以外）、豐饒角圖案（cornucopia，希臘節慶中用來盛裝蔬菜水果的羊角）、農耕用具、蜂巢和蜜蜂，以及麗春花（這是一種含有迷幻成分的罌粟屬植物）。

蒂美特是農業女神，所以可以**定期吃素**，一天、一週或一個月，這可以幫身體排除毒素，讓人覺得神清氣爽。許多宗教傳統都有吃素的習俗，這做法可以讓人超越日常的肉體需求，而專注於靈性的修行。

吃素時要注意幾個營養問題，首先是大多數的人沒有時間下廚，經常得在外用餐。然而素食餐廳的菜色沒有太多選擇，只能吃同樣的食物，例如麥類和米飯等穀類，以及豆類的蛋白質。如果長時間吃同樣的食物，會對食物產生抵抗性和過敏，這會破壞免疫系統。

最好的飲食方法是「輪替攝取法」，就是每天都吃不同的食物，不要重複。這麼一來，表示得自己下廚。吃素的另一個問題是，容易缺乏維生素B12，這是一種必要的維生物質。因此吃素時要每天補充維他命B群。

比較理想的吃素法不是終生茹素，而是在設定的時間裡面吃素。世界上最古老的教堂是希臘東正教教堂，這裡的信徒在復活節之前要吃素四十天。仿照此法，想要擁有4數能量的人可以在每星期裡固定安排一天作為素食日，那天一早醒來的時候，就告訴自己今天是蒂美特日，這可以幫助我們集中精神，專心執行。

4數的力量，也可以讓事物以有組織而俐落的力量運作。要做到這一點，就要先把家裡、辦公桌和其他經常使用到的**空間清理乾淨**，**讓環境更有秩序**，並且保持下去。要注意自己把東西擺放在哪裡，有沒有放得井然有序。用這種方式提醒自己，很快就會發現生活變得更有條理，不僅馬上就找得到各種物件，連以為弄丟的東西也冒出來了，而且會更有動力實踐目標。

蒂美特的象徵物：豐饒角

蒂美特／4 數在人身上的作用

行為舉止：專注・嚴肅
體型：骨骼結實・體型強壯
說話風格：一針見血・說重點
衣著類型：保守・古典

與蒂美特／4 數相關的事物

幸運色：綠色
身體部位：腳・腎臟・膀胱
星座：巨蟹座

5

Hermes

荷米斯

荷米斯所掌管的範圍包括：溝通、商業、偷竊、文學與書信、旅行、運動。由於他提供的東西範圍很廣，可以說人人都需要其中一些，因此荷米斯不像其他的神那樣擁有專門供奉的神廟，但他的雕像和祭壇遍佈整個古希臘世界。大多數的運動場都樹立了荷米斯的雕像以祈求他庇佑，並對他表示敬意。百姓會在家裡擺一尊他的雕像，以避免小偷入侵，並在出外旅行時向他祭拜祈求平安。由於荷米斯也是史上第一個動外科手術的醫生，所以古代的醫療中心也都會展示那幅知名的圖像：他手握節杖，杖上有雙翼，並有雙蛇纏繞。

荷米斯至今都享有名聲。除了「水星」（Mercury）的英文正是他的羅馬名字之外，還有許多事物都以他命名，譬如知名時尚品牌「愛瑪仕」（Hermes）就使用了他的名字和標誌。美國陸軍醫務兵和大多數的藥局、藥劑師和醫療相關事物一樣，使用他的象徵物作爲標誌。今日的希臘郵局也使用荷米斯作爲標誌。

荷米斯的神話

有一晚，眾神都睡了，宙斯趁著希拉沒發現，溜出家門，跑到阿特拉斯（Atlas，把地球背在肩上的神）的女兒——仙女邁亞（Maia）住的洞穴裡，結果讓她懷了孕。隔天她生了荷米斯，這創下紀錄，荷米斯成為出生速度最快的嬰兒。荷米斯一生下來就開始忙碌，他馬上肚子餓，母乳似乎不夠他吃，因此當一般嬰兒還裹在搖籃裡不會爬動的時候，荷米斯就已經懂得等待夜晚母親入睡之後，溜出去找東西吃。

他看到了同父異母兄弟阿波羅擁有的一群牛，於是偷了其中的六十隻，並讓它們倒退著行走，好讓別人看不出牠們的蹤跡。荷米斯把葉子放在鞋底下，把自己的足跡也掩蓋掉，再把牛隻藏在一個洞穴裡。烤了一隻牛填飽肚子後，他回到母親身邊。他在路上還抓了一隻烏龜，把牠的殼清空，用烏龜的腸子製作了一種叫做里拉（lyre）的七弦豎琴。然後，他溜回床上，回到一副嬌弱無助的嬰兒模樣。

阿波羅發現牛隻不見了，一狀告到荷米斯的母親邁亞面前，說她兒子偷了牛。這位母親回答阿波羅，這怎麼可能，荷米斯還只是個嬰兒呢。荷米斯被帶上了法庭，最後宙斯裁定，荷米斯必須把他所偷走的東西歸還阿波羅。這時，荷米斯奏起了里拉，阿波羅當場楞住——他愛上了這個樂器，想用牛群來交換。荷米斯同意了。至今阿波羅的雕像上還握著里拉琴。後來荷米斯又發明了笛子，而阿波羅也想要這個樂器。

有一個故事是，阿波羅用他那支有一條蛇纏繞的節杖，換來了荷米斯的笛子。在另外一個神話中，阿波羅的杖上只有一條蛇，而荷米斯的杖上有兩條蛇。原來荷米斯是用兩條絲帶纏繞著節杖，有一次他發現兩條蛇纏成一團，激烈扭鬥，於是荷米斯把節杖往兩條蛇中間一放，說服了牠們別再互相傷害，而兩條蛇就這樣留在杖上了。這兩個故事都把荷米斯的發明能力、說服能力和交易能力描寫得不錯！

荷米斯是一個反應敏捷而頭腦聰明的神，擁有絕佳的溝通能力，因此宙斯把他留在身邊當助理兼使者，給了他一頂特殊的帽子和一雙有翅膀的鞋讓他可以飛翔。宙斯派遣荷米斯護送靈魂到冥界。很特別的是，原本有一條規則是任何人只要進入了冥界就不得離開，但是荷米斯竟然可以自由進出於人間和冥界。

他為宙斯處理許多大事，往往用他的溝通技巧解決別人無法處理的問題。他幫宙斯收拾了很多爛攤子，包括為了外遇事件必須打發希拉。荷米斯解救過不少天神與凡人，譬如曾經救出被關在罐子裡的戰神阿瑞斯。

其中有一次搭救事件最有意思。宙斯使月之女神西蜜麗（Semele）懷孕了，而希拉想了個辦法矇騙宙斯，使得宙斯失手殺死了西蜜麗。這時荷米斯衝向了被火灼燒著的西蜜麗，把她肚裡的胎兒救了出來，並動手術把他移植到宙斯的腿上。這個胎兒是酒神戴奧尼索斯，他就在宙斯的腿上孕育成熟，而後出生。

荷米斯也曾經幫宙斯治療與怪物泰風（Typhon，一隻有一百顆蛇頭的噴火怪物）打鬥後斷裂的肌腱。

移植戴奧尼索斯和治癒宙斯肌腱的這兩件事，使得荷米斯成為第一個外科醫生。而「療癒之神」阿波羅擅長的是心靈和身體的治療，不同於荷米斯的手術治療。或許因為現代醫學把焦點放在外科手術，所以使用荷米斯的雙蛇節杖當作象徵，而不是以阿波羅的單蛇節杖。

荷米斯不但腦筋動得快，他的雙腳也跑得快。他也被認為是拳擊賽和賽跑的發明人。他的旅行經驗豐富，所以成為旅人之神，而且由於他在旅途中所展現的買賣與交涉能力，讓他成為商業與經營之神。此外，由於他偷過阿波羅的牛，這也使他成了偷竊之神，因為他也以狡猾聞名，所謂「無奸不商」，此話確實不假。

身兼使神和各種角色的荷米斯，在希臘取得了鼎盛的膜拜，後來隨著亞歷山大大帝的擴張而更得到廣大信眾的擁護。希臘在埃及建立城市之後，眾人把荷米斯的地位拿來與埃及的索斯（Thoth）相比。索斯是智慧、文學和溝通之神，和荷米斯一樣周旋在眾神之間解決問題。荷馬士城（Hermopolis）和亞歷山大城都建了他的神廟，而且演變成學習神祕之學的據點。荷米斯的聲名傳開，博得「三重荷米斯」（Hermes Trigesimus）之名，意思是他比以前偉大三倍；一支以荷米斯神祕書寫為基礎的哲學流派也逐漸成長。

作為一個能在今生與來世之間穿梭的神，並且負責在對立的力量之間解決問題，荷米斯擁有很強的變形能力。這可以使他進入一切事物裡面，居間穿梭，無往不利。在神話裡，他也掌管睡眠和做夢，他演奏里拉琴讓人們入睡，並透過夢境釋出與他們生命和未來有關的訊息。從這些責任來看，荷米斯遠遠不只是個信使，而更像一個可以點石成金、扭轉局勢的煉金術士，可以把烏龜變成里拉琴，一如煉金術士把煤變成黃金。

這種變形能力，還必須伴隨著自由才可能成真，而由於宙斯的命令，荷米斯擁有的自由比其他神明都多。

荷米斯出生於宙斯與他母親邁亞的地下戀情，長大後擁有欺騙和狡詐的惡名。但荷米斯漸漸從一個小偷改變為一個神祕的隱士——可以說，經由他的變化，他使得我們從動物變成了人類，讓我們知道如何成長與打開心胸。

荷米斯和5數的關係

荷米斯的個性代表了5數的特質：熱愛自由，喜歡講話，善於用言語文字來鼓舞人心或說服別人，討厭承諾和責任，追求改變，也喜歡學習。

5數的力量，帶來了溝通和協調的天分，這兩種能力可以讓人擁有包裝美化與販售產品的能力，在現代社會裡成為極有利的工具。當我們聽見政治家人物在演說，就聽見了荷米斯的聲音；而政治人物的言論可以興邦，也可以毀國。

溝通能力，在今日這個依賴媒體科技的社會裡變成了最重要的能力。從前的人在一天裡大部分的時間都是獨自一人，只在每天晚上或偶爾收到信件時才和其他人有所溝通。現代人有了手機、網路、電視和收音機，二十四小時都可以和別人聯繫。這就使得我們必須擁有更好的溝通能力，不能僅僅只是說出心裡想說的話而已，而是能夠了解別人在說什麼，能夠讀出隱藏在字裡行間的弦外之音，才不至於被大量的資訊蒙蔽。

溝通的能力，來自於能夠把事物變得更有吸引力，讓別人不覺得是被說服，而認為自己是出於自願表示贊同。誰都討厭被逼著做事情或買東西。5數人就是擁有一種特別的說話技巧，可以讓人不覺得受到威脅，而還想進一步了解5數人所說的事物。5數人有這能力，是因為他們心中非常知道用什麼方式說出來可以讓人感到更自由，怎麼說會讓人感到更受拘束。

所有的人都追求自由，所以今日仍然有戰爭。然而，我們享有的自由萬一過了頭，會讓人無法專注朝向一個目標努力，而這對5數人來說是個嚴重的問題。

獅子座與荷米斯

獅子是萬獸之王，而獅子座的個性就可以用獅子來形容，他們喜歡氣派而有格調的事物，個性尊貴，希望得到別人的敬重。

不過獅子座的性格裡有一些部分無法用獅子來描述，卻比較像生命密碼裡的荷米斯 5 數人。譬如說，獅子座通常善於溝通，與三教九流的人都能說得上話，這正是使神荷米斯的天賦能力；而獅子座愛好自由的天性也與荷米斯一樣。

從荷米斯的故事看到他是如何逐漸成熟，變成一個哲學家一般的神，而他的觀念也持續影響著後世，這些都可以說明獅子座的複雜與潛能。

愛情模式

荷米斯從來沒有結婚，但是他的女友遍佈全世界，並且生下了許多孩子。他的個性很和氣，長得一表人才，一副運動員體格，因此不難找到愛人，其中也包括男人（希臘在性方面非常開放，許多希臘神明都是雙性戀）。然而，經歷了從希臘到埃及的改變，荷米斯的信眾雖然與荷米斯一樣不結婚，但很多都獨自生活，成為隱士（隱士的英文「hermit」就來自荷米斯的名字，指的是獨自生活、學習及冥想的人），不過和荷米斯不一樣的是，他們在性方面非常自制。事實上，許多荷米斯派的觀念後來還被基督教會採納。

人生課題

在所有數字裡面，5數的人最熱愛自由；不管在任何一方面受到限制，他們都會生氣。這種個性從某方面來說是好的特質，因為這表示擁有自信。5數人對於別人如何對待他們是非常敏感的，而且完全不能受辱。

自由一旦擁有太多，便會出現問題。想在生活各個層面成功，都需要做決定和負責任，以及專心執行決定與責任；但這必然會使人喪失一些自由。結了婚的人，便不能再繼續擁有各式各樣的愛人。選擇了一項工作，就不能同時開發其他事業。生命中的每一件都有限度。人都必須做出抉擇，並專注於目標。

5數人的問題在於，他們一旦因為做出了決定而被迫專心在一個目標上，這時他們比誰都清楚自己失去了哪些自由。這就使得習慣了自由的他們非常不開心。所以，5數人的第一課是：有勇氣的人，才能做出抉擇，承擔新責任。5數人需要找出勇氣，讓自己專注，以自由來換取從專注而得到的收穫。

他們該學的第二課是誠實。5數人善於言辭，畢竟「筆比劍更銳利」。擁有文字的力量，使得5數人威力十足。文字可以啟發，也可以欺騙；文字可以起死回生，也可以毀滅。所以5數人最好小心使用這方面的才能，否則會傷害到許多人。希特勒就是一個典型的5數人。

5數人要用最具建設性、最適當的方式使用文字語言，也需要發展出健全的人格。荷米斯從騙徒成長為神的過程，就是最佳的榜樣。用正確的方式使用語言，不欺騙不誤導，這就需要勇氣——這是5數人的第一堂人生功課。做出正確的事往往表示要說實話，而說實話可能會樹敵，使得自己陷入危險。然而聖經上說過：「真理讓人得自由。」所以不管說實話需要有多大的勇氣，5數人最終將會領悟：唯有真理能帶給他們快樂，而誠實所帶來的報償絕對值得。前美國總統林肯就是個好例子，多虧了他的勇氣，才得以終結奴隸制度。

學習人生課題之後

荷米斯的知名象徵是他有翅膀的帽子、鞋子和節杖。學習5數的功課，可以讓我們學到如何運用他的工具，也就是世上最強大的能力：自由的力量和說服的力量。這兩種力量不僅可以帶來事業成就，也能在戀情上有所收穫。

5數人可以建立起最健康的感情關係，因為他們能以自由為基礎來建立人與人的關係，而這是一般人最嚮往的關係形式。5數人可以攤開任何問題和事情來討論，使得感情關係很健全。當他們把能力運用在工作上，會因為他們知道如何推銷，如何透過間接的辦法讓商品和點子受歡迎，難怪前途光明。

善用5數的威力

前面說過，文字語言的力量無與倫比，透過文字可以完成交易、創造利潤、解決問題、支配人們的觀點和行動。現在，這股力量可以透過媒體來影響一個國家、一個地區、甚至全世界。想在任何與人有關的事業或關係中成功，就需要運用5數的力量。

再進一步思索5數的力量，可以發現它是一種推銷的能力。無論做什麼工作，遇到要與人溝通的時候，能否成功，就要看我們能不能把自己的意見推銷出去。越是能把點子包裝得精巧，越是有能力用文字吸引別人，就越有可能推銷成功。無論是需要跟陌生人講話、跟愛人談心、推銷產品、寫作、演講，想要成功就得善於推銷。

許多人自認為不擅長推銷，而且在實際必須銷售產品的時候都會失敗——會推銷失敗，只說明了一個人不懂得什麼叫「推銷」。荷米斯的故事可以讓我們了解什麼是推銷的基本功夫，簡單說，就是「變形」。推銷的關鍵在於用比較有吸引力的形式來包裝產品，把事物加以變形，變成比它們原來更好的模樣，如此一來顧客就會覺得沒有壓力。人在做決定的時候，想要什麼呢？自由。最高明的銷售，是讓顧客在購物過程中沒有感受到壓力，覺得很自由，顧客如果覺得被拘束了，很少會願意掏腰包。

若想用這個「變形法」來調整商品的包裝、詮釋產品和點子，需要先經過思考，再運用創意加以發揮。要找出方法讓商品變得更具有吸引力，更讓人覺得無法抗拒。這一點，像可口可樂這樣的品牌就做得非常清楚而成功。他們請來了知名的歌星、演員、運動明星當代言人；他們了解，靠著產品本身是沒辦法把產品賣出去的，因為產品本身沒有多少特別之處。能夠賣出商品的唯一辦法，就是樹立商品形象，把產品與知名人物連結在一起，讓商品變得特別。產品被塑造出來的形象，就是我們買它時的包裝；這就像每當我們想到了可口可樂，我們就想到那些被拿來包裝可口可樂的名人；如果我們能認同那個名人，我們就可能會買它來喝。我們實際上買的是形象，而不是飲料本身！

這也表示，想要推銷東西的人，得先弄清楚自己賣的東西是什麼，並且確定哪一種形象最適合這個商品。舉例來說，如果想為某件事表達歉意，請求人家原諒，但開口說話的時候在偷笑，那麼對方就不會相信是真心覺得抱歉，因為身體語言所釋放的是跟歉意相反的訊息。如果希望人家接受道歉，必須看起來真的滿懷歉意！

荷米斯所給的力量是：知道自己想說什麼，或是想推銷什麼；知道了之後，就要找出一種方式來包裝那個想說或想賣的東西，把它做得更容易被別人接受。想個辦法表現它，讓它可以勾起人們的想像，讓人可以稍微脫離現實，一起做一趟心靈之旅，飛翔在想像的世界裡。

這一套技巧，許多的多層次傳銷公司很擅長。他們經常要推銷一些很難賣出的東西，譬如比市價高很多的肥皂。他們不會說：「買這個肥皂吧！」他們反而會問，是不是厭倦了幫別人工作，領微薄的薪水，還要擔心會被開除？接著說，買不買肥皂不重要，重要的是假如加入了傳銷公司並使用他們的產品，就可以不再付錢給大公司，而能開創自己的事業。他們會讓人相信，對於自己和家人來說，買下這個肥皂是開創未來財富的一種方式。這種推銷手法真是徹底發揮了5數的力量。

想培養出這樣的溝通技巧，需要有創意、完全的自由、智慧，以及一股想要啟發他人的意願。這些可不是自私的人做得到的，需要有勇氣和寬大的胸懷。付出得越多，得到的也會越多。

生活提示

如果缺乏5數的能量，曾經試著使用方法在生活中導入這種能量，應該會發現它不容易長久維持；過一陣子就回到了原來的狀態。

想維持5數能量有個好方法，可以使用各種有荷米斯的圖案和象徵5數能量的物件。例如：穿戴藍色衣物；蒐集印有荷米斯圖像的T恤、杯子、海報；或者戴上象徵荷米斯的配件飾品，例如有雙蛇纏繞的節杖圖案、有翅膀的帽子和鞋子、公雞、烏龜和皮包。

荷米斯是書信的發明者，也是文章典籍的發明者。因此他與**閱讀**有關。閱讀比看電視或聽廣播更有助於激發想像力。閱讀可以讓人了解如何運用文字語言。如果需要發展5數的力量，就要多多閱讀，尤其是要閱讀新書、當期雜誌和報紙。如果懶得閱讀，寧願看電視，最好想辦法離電視機遠一點，或乾脆把有線電視斷線，逼自己以閱讀作為娛樂方式。如果只需要一點點5數的推動力，那麼就找一本書，把它稱為「5數之書」，然後在讀這本書的時候心中想著荷米斯的名字。把荷米斯與閱讀建立起關係之後，下次看到了印刷的信件或文字，就更能發展這項能力；而印刷物到處都是，這方面的能力就會越來越增強。

旅行也有助於增進5數的力量。不妨前往一個必須使用新語言、嘗試新食物和體驗新文化的地方旅行，尤其是到其他國家旅行，這是很有效的學習方式。越是能從其他文化學習到新事物的人，越能提升自己。假如想多多從旅行中得到益處，就要深入體驗那個地方。有人到外國旅行，卻只去提供了家鄉食物的餐廳吃飯，只跟著自己所加入的旅行團，這樣就沒有機會認識當地人，也沒有時間從安排好的觀光行程中，親自體驗當地文化。

想從旅行中得到5數的刺激，最好是一個人旅行，或只與一個小團體同行，而且最好在行程中安排很多時間享受當地的食物和文化，最好還能結識當地的新朋友。有些國家提供了這一類型的觀光行程，譬如牙買加、挪威會安排本國人把遊客帶回自己家裡住幾天，並且擔任嚮導四處介紹他們的生活方式。最接近這種旅遊方式的方法，正是時下年輕人遊學時採用的寄宿家庭制（home stay programs）。

荷米斯的象徵物：有翅膀的頭盔

荷米斯／5 數在人身上的作用

行為舉止：友善・心胸開放・面對微笑
體型：身材好・迷人
說話風格：容易聊天・愛說笑・不吝於奉承別人
衣著類型：好看而簡單

與荷米斯／5 數相關的事物

幸運色：藍色
身體部位：膝蓋・喉嚨・小腸
星座：獅子座

6

Apollo／Phoebus

阿波羅

阿波羅是光芒之神，後來被稱爲太陽神。阿波羅也是預言、療癒、音樂和律法之神。他能成爲古希臘最受愛戴的神明之一，並不是因爲他提供了食物或其他日常必需品，而僅僅只因爲他是使得人類心靈得到飽足和健康的源頭。他所帶來的光，照亮了靈魂，點燃了智慧。

希臘的哲學、社會和文化裡，有很多內容是根據阿波羅的概念而來，並藉由許多希臘哲學家的著作和阿波羅神廟上的文字傳承給後世。諸如「了解自己」和「平衡對稱最美」等等觀念，至今仍然通行，經常被後人提起。阿波羅爲世人展現了人應該如何生活與自處，該追求什麼目標，以及如何提升自我，趨近完美。

阿波羅的精神大大影響了希臘，在法律、科學和哲學方面帶來了至今都被看重的影響，帶領人類往前探索新疆域。難怪美國太空總署要把他們第一艘飛往月球的載人太空船以他來命名（一九六九年，「阿波羅十三號」載人太空船成功登上月球）。他也以別名「福波斯」（意爲「閃耀者」）與姊姊雅典娜一同成爲二〇〇四年雅典奧運的吉祥物。

阿波羅的神話

阿波羅是宙斯和泰坦女神勒托的兒子。勒托懷孕之後，希拉（宙斯的妻子）不想讓勒托生下孩子，便派出一條巨蛇（Python）去追殺。勒托在即將分娩之前，發現這座在海中時而消失時而出現的狄洛斯島，心想若逃到那裡應該就不會被巨蛇發現。於是她在狄洛斯島生下了孩子，是一對雙胞胎，阿特米絲和阿波羅。

阿波羅為了復仇，於是殺了巨蛇，但此事激怒了宙斯。這條巨蛇確實四處為害，是個惡名昭彰的吃人怪物，多少人巴不得牠在世間消失；不過牠到底是大地女神蓋亞的孩子，住在那個被認為是蓋亞肚臍的洞穴裡，因此擁有世界上最強大的占卜能力。宙斯曾用這條巨蛇來占卜命運，而現在阿波羅卻挺身而出，順手就殺了牠。

阿波羅為了表示對自己的行為負責，於是在巨蛇位於德爾菲的住處建造神廟，並且開始學習占卜命運——這一個決定改變了他自己的一生和全人類的生活。阿波羅後來成為預言之神，而德爾菲神廟的名聲傳遍天下。眾人相傳，誰能控制德爾菲，就能控制全世界。

關於預知未來的這門學問並不容易學，也不容易做好，需要經歷一段對於自我的覺醒與發展過程，並鑽研哲學、神祕學、科學研究、醫療的相關學問。阿波羅在這段過程中，建立起了關於對與錯、秩序與混亂的判別標準，並樹立了基本規範讓世人遵循、組織眾人事務和統治管理。他所創造的許多概念至今還影響著我們，譬如司法系統、關於自由的概念，以及包括「了解自己」、「平衡對稱」在內的許多觀念。阿波羅的訓誨影響了畢達哥拉斯、蘇格拉底、柏拉圖、亞理斯多德等哲學家。

眾神之王宙斯在年輕且性格不成熟的時候，他的統治方式粗魯而不公平。阿波羅與他的叔叔希波賽頓忍無可忍，計畫發動革命。希拉也來幫忙，她對宙斯下藥，讓阿波羅叔侄倆把宙斯綁起來；正要把宙斯解決掉的時候，兩人為了誰該承擔新領袖之職而起了爭執。宙斯得到了一隻曾經欠他人情的怪物幫助，逃走了。宙斯罰阿波羅和波賽頓必須做一年苦工，建造特洛伊的城牆。他們兩人二話不說，咬著牙完成任務。這之後，宙斯聽取了眾神的心聲和抱怨，逐漸變成一個成熟而英明的領導者。

至於阿波羅則逐漸認識了這門叫做治療的學問，並發展出治療技術。阿波羅的雕像經常會手持一支纏了一條蛇的節杖，這個象徵醫療的圖像後來被荷米斯拿走了。有一個神話是阿波羅為了與荷米斯交換他所發明的笛子，而把這象徵給了他。其實荷米斯也和醫療有關，但是專長是外科手術；阿波羅則專注於心靈和身體的療癒，他在乎的是找出真正的病源，不論是心理問題或生理問題。他的治療方式可以重建病人的免疫系統，讓疾病得以根治。阿波羅因此成為第一位講求「身心靈整合」的治療師。他節杖上的那條蛇有兩種說法，一說牠象徵了死亡，而阿波羅可以掌控牠；另一說則認為這條蛇代表了第一種由蛇毒製成的藥物。

出於某些至今還不完全清楚的原因，許多疾病似乎會被免疫系統消滅。服用了少量的毒物後，經常可以激起免疫系統發生作用，不但抵抗了毒素，也抵抗了疾病。最常使用的毒藥形式是酒。重大的疾病就拿蛇毒來對付。後來的醫生使用氰化物這種致命毒物來治療梅毒之類的疾病。很多現代的藥物是以蛇毒為基礎而製成，譬如可以避免血液凝結的藥物，用來防止中風或用在外科手術上。到了更晚近一些，蜜蜂的螫針被用來治療長期疲勞、多發性硬化症和其他疾病。

阿波羅與醫療的關係，由他一個半人半神的子嗣阿斯克勒庇厄斯（Asclepius）承接下來。從阿斯克勒庇厄斯的理念出發，希臘一帶設立了很多醫院，讓病人進入阿波羅神廟裡睡覺，並分析病人所做的夢，因為他們認為在病人所做的夢裡找得到病因——現代科學也已經認為夢是潛意識心靈所發出的訊號，說出了我們內在的問題和挫折。阿斯克勒庇厄斯的第二十代子孫裡有一個人成為了西方醫學之父，他正是希波克拉底（Hippocrates）。

希波克拉底寫下許多與醫療有關的書，傳授了一種與中醫類似的醫療技術，只不過中醫是根據五種元素來分類，而他是以四大元素來分類。在歐洲和希臘遭到入侵之後，他的這項醫療法逐漸在歐洲消失，輾轉流傳到了亞歷山大帝國版圖的南方，例如伊朗、阿富汗、印度和巴基斯坦等國度。在這些地方，古希臘的醫療方法受到敬重與保存，並繼續發展，直到今天當地人還使用著這種稱為「尤納尼」（Unani）的療法，這名稱得自於古希臘時代用來稱呼希臘的字——愛奧尼亞（Yauna）。這種「尤納尼」古希臘療法與印度「阿育吠陀療法」和中醫有許多相似之處，所以一般認為當時東方與西方之間是有交流的。

阿波羅在和其他神祇打交道或處理人間問題的時候，相當沈著冷靜，不過他是個有仇必報的人，這個本性在他年輕的時候最為明顯。他所愛的一個凡人科羅妮絲（Coronis）惹得他打翻醋罈子，他便殺了她；然後才發現科羅妮絲懷有身孕，他充滿悔意，於是叫荷米斯為她接生（荷米斯又當起外科醫生了，生下來的這個孩子就是繼承了阿波羅醫術的阿斯克勒庇厄斯。

還有一次，阿波羅聽到有個女人稱自己母親比阿波羅的母親更棒，因為她生了六男六女，於是阿波羅便殺了那六個男孩，阿特米絲則把那六個女孩殺掉。邁達斯（Midas）的國王在一場音樂比賽中沒有投票給阿波羅，於是阿波羅把邁達斯的耳朵變成驢耳朵，讓他帶著這付模樣過後半生。不過後來阿波羅逐漸成熟，把精神放在他的神廟和醫療職責上面，再也沒有發生類似的故事了。

阿波羅與6數的關係

阿波羅的個性代表了生命密碼裡的6數：他們是喜歡修補東西、解決問題的感性人物。6數人比較善於照顧別人勝過照顧自己。他們很容易就會承擔責任，沒有辦法對別人說「不」。他們對於應該如何把事情做好，非常有主見。

6數人這種想要幫助別人解決問題的渴望，會使得他們對於有問題的人或環境產生興趣。6數人如果在解決問題的過程中發展自己的才能，並成為醫生、工程師、心理學家、牧師、科學家之類的專業人士，就可以把自己的才能運用在健康管理上，因為他們懂得如何平衡施與受。但如果他們沒有成為專業人士，或者遇到了屬於人性本質的問題，6數人就遇到了難題。

6數人的難題在於如何區分什麼是自己、什麼是別人，以及如何在付出和收穫之間取得健康的平衡關係。他們會接下自己負荷不了的責任，會付出自己的一切，希望自己能贏得別人的愛，或至少能得到別人的感謝。一旦沒有得到愛或感謝，6數人會感到沮喪，而

處女座與阿波羅

處女座的象徵圖案是一個永恆的處女，這是個愛挑剔又容易緊張的人，愛乾淨，對於與治療有關的事物很感興趣，堅持用自己的方式來解決問題，而且有一套極為固執的思考模式。

太陽神阿波羅乃是治療之神，讀了他的故事後會清楚看到他與處女座相像的地方。阿波羅有一顆單純而固執的心，雖然也有幾段戀情，但總是讓人覺得他帶有一股處子般的清純氣息。

而阿波羅把主要的精神都放在治療、哲學，以及對於命運的辨認與接受，這方面的特質，比較不常在一般的占星學書籍裡談論處女座的章節裡看到。

且由於他們往往是在事情發生多年之後發現自己得不到那些愛或感謝，所以他們會覺得好像是把多年的積蓄存進了一家銀行，而現在銀行倒閉了，想要把錢領回來已經來不及。這時，有些6數人會陷入沮喪憂鬱，或甚至自殺；有些6數人則可以從錯誤中學習，最後變成解決問題的高手，成為治療大師。

愛情模式

阿波羅從來沒有結婚，但有過許多段戀情，不過沒有一段能有好結局。最有名的一段故事是他發現愛神阿芙洛黛特的兒子厄洛斯在把玩他的弓和箭。阿波羅責罵了厄洛斯，這孩子很生氣，便拿起了他自己的弓往阿波羅的心射出一枝魔法箭，讓他愛上接下來所遇到的第一個人。

阿波羅遇到了達芙妮（Daphne），河神的可愛女兒。但厄洛斯卻射出了一把箭讓她厭惡愛情。所以，阿波羅想追求達芙妮，她卻向大地女神祈禱把她自己殺死，或是變成不吸引阿波羅的模樣。大地女神回應了她的祈求，把她變成一棵月桂樹。於是傷心的阿波羅把葉子放在頭髮上，這幅景象後來成為了永恆愛情的象徵。今日，月桂樹的葉子經常被用在義大利、希臘和中東的料理裡面。

阿波羅的真愛似乎是他的孿生姊姊阿特米絲，不過神話裡沒有提到他們兩人之間曾經發生性關係。阿特米絲一向被認為是處女神。阿特米絲曾經愛上凡人獵人俄里翁（Orion），因而忽略了阿波羅。阿波羅想讓她回心轉意，於是趁著有一次俄里翁到海裡游泳的時候，他跑向阿特米絲，與她打賭，說她即使身懷名聞遐邇的高超射箭技術，也射不中地平線另一端的小點。於是阿特米絲拿起箭朝海裡射——那個黑點原來是俄里翁的頭。阿特米絲從此不談戀愛，不過阿波羅倒是挽回了她的心。

這些故事說明了6數人的愛情觀。這一類的人不容易墜入情網，可是一旦談了戀愛便會死心塌地。他們就算在戀情中並不快樂也依然願意付出，並且暗自希望總有一天能得到對方以愛來回報，可是始終等不到那一天。許多6數人會陷在不開心的感情關係裡面，在遭到背叛之後會考慮自殺，而不少6數人也確實採取了自殺行為。

人生課題

6數人要學著用一種健康的平衡關係來與別人相處。如果付出太多，他們最後會覺得被別人利用；如果獲得太多，他們又不會努力達成計畫的目標。平衡的關係並不容易達到，需要多多嘗試與付出努力，並且用客觀的方式來觀察各種情況——通常，6數人都應該用比較自私一點的角度去看待情況。這句話聽起來也許很怪，不過6數人不容易自私，他們必須很努力才能做到自私。然而假如太過自私當然也不健康，所以確實要花點工夫才能找到平衡點。想要做到平衡，首先就要學著阿波羅的教誨：「了解自己」。

了解自己，包括知道自己一天可以做多少工作，需要多少休息和多少的精神食糧，生理和性的需求，以及各種日常生活裡維繫健康的事物各需要多少。只要建立起一種可以滿足這些基本需要的生活方式，就可以了解自己有沒有餘力幫助別人，在不犧牲自己的健康和財富的情況下可以幫多少忙。6數人的課題應該是先解決自己的問題，再去幫助別人。

6數人必須知道：照顧自己可不是件輕鬆的功課，它需要勇氣，而且也許還意味著不要為了別人的期望而活。這表示要學著說「不」，而這就可能包括了必須離家、分手、離婚、斷絕不健康的關係、接受新的飲食觀念、辭職、為了事業回校進修，或者其他各種不容易適應的改變。6數人需要用更黑白分明的方式看待自己的人生：如果不能想辦法過著獨立而健康的生活，那麼到老死的時候都不能對別人有所幫助。唯有讓自己先得到健康和快樂，才能贏得別人的敬重，而6數人也才能覺得舒服。

6數人有時候會很霸道，對於該如何做事、如何生活、如何解決問題，很有自己的看法。如果6數人可以成為性格成熟健全的專業人士，就可以擁有輝煌的成就。然而，如果6數人因為過度犧牲自己而變得不健康了，後果很可能會不堪設想。一個一廂情願付出而變得盲目的人，對自己或對別人都很危險，他們最後會找不到解答，看不見出路。6數人必須了解自己的人生課題，並為自己創造更健康的人生，這樣才能有耐心和冷靜的頭腦，打開心胸接受新觀念，這最終將可以帶來更好的做事方法。

學習人生課題之後

阿波羅的雕像通常都展示他手持心愛的樂器——里拉琴。第一眼看到里拉琴時，不覺得它代表什麼，而這正是阿波羅的哲學。里拉琴會發出近似豎琴的音聲，可以讓聽到的人放鬆心靈，並讓人對於自己身體和心靈的變化更加敏感，而這正是自我治療的關鍵第一步。

檢視自己身心的內在變化之後，就可以採取行動來治療自己；一旦治癒了自己，才可以幫助別人。這彷彿是阿波羅把他的里拉琴傳遞給我們，並對我們說：去治療這個世界吧。我們可以根據自己的健康狀況來發展感受力，懂得如何用治癒自己的方式來幫助他人。

善用6數的威力

在遇到問題而嘗試解決的時候，6數的力量非常重要。在這種時候，要善用阿波羅的里拉琴來放鬆，讓心中的感性完全發揮，這時就很快能看出問題的癥結所在；唯有看出問題的癥結，才能真正解決問題。

在所有可能必須面對的問題裡面，最重要的當然是關於身體健康的問題。就這方面來說，6數的力量可以讓人擁有能真正認識自己的敏感度和直覺力，讓人發現自己身體的需求並啟動免疫系統的作用，由此可以阻止疾病惡化，讓身體自行痊癒。最新的醫學研究證明了身心的關聯對於健康來說至關要緊，假如能在生活裡製造更多樂趣、有充足的睡眠、運動和健康的飲食，我們可以擁有驚人的自癒力。

想要解決與感情或人際溝通有關的問題時，敏感度再一次成為重要工具，讓我們在別人說出需求之前就知道對方需要什麼。這種由6數力量而來的敏感度，會讓我們比較關心別人的需求而比較不照顧自己，它讓我們打從心底知道是哪裡出了錯。這種洞察力正是解決人際問題的關鍵能力，因為只要我們知道了問題所在，就會因為足夠關心別人而願意想辦法去滿足別人的各種需求。

把6數力量拿來解決工作上比較技術性的問題，可以出於本能就知道問題所在，知道該用什麼辦法來解決。6數力量不會只把問題掩蓋起來，而會真正解決問題。過去曾經在非洲進行一項援助計畫，希望協助當地人處理因糧食不足而造成的嚴重營養不良問題。那項援助計畫並不是販售維生藥物或糧食補給品給非洲人，而是找出一種叫「辣木」(Moringa) 的本地樹種，採擷它樹葉裡所包含的高單位維他命和礦物質，並協助當地人廣泛種植樹木，解決營養需求。

生活提示

如果缺乏6數的能量，曾經試著使用方法在生活中導入這種能量，應該會發現它不容易長久維持，過一陣子就回到了原來的狀態。

想維持6數能量有個好方法，可以使用各種有阿波羅的圖案和象徵6數能量的物件。例如：穿戴靛青色衣物；蒐集印有阿波羅圖像的T恤、杯子、海報；或者戴上象徵阿波羅的配件飾品，例如有一條蛇纏繞的節杖圖案、里拉琴、笛子、海豚、月桂葉，以及桂冠——二〇〇四年雅典奧運的標誌。

有一個方法可以提示與發展6數的力量，那就是去找算命師算命，並詢問可以如何改變未來，同時也看看算出來的結果應驗了多少？如果不提出這一類的質疑，將會形成心理學上所說的「自我應驗的預言」現象，這是指人會下意識去實現算命師的預言。而如果自己**學習算命**，效果會比去看算命師更好，這就像阿波羅學習算命之後改變了自己的人生，我們也會因為學習算命之術而有所改變。

另外還有一個方法可以培養6數的力量，那就是**研習自然療法**，包括與營養學、運動、增進睡眠品質有關的知識。多多了解身體是如何自行療癒的，就能發現哪一種生活方式可以把身體自行療癒的力量發揮到極致。這方面的研習應該要運用心理測驗來自我認識，讓我們能更清楚認識自己的性格特質。從這個角度來說，閱讀像本書這樣與自我發現和自我治療有關的書籍，也有助於把阿波羅6數的能量引進生活裡，因為自我治療的關鍵在於認識自我，能幫助我們認識自己的方法都會有用。

最能讓我們認識自己的方法莫過於**培養直覺力**。可以從解釋自己的夢境開始。人人都會做夢，但不是所有人都能記得夢的內容，然而這是可以學習的。（關於解夢的方法，可以參考我另一本《直覺力》的書，內有詳細說明。）其他還有很多方法可以培養直覺能力，包括學習解讀塔羅牌、研習數字學或占星學、使用咖啡渣、茶葉或水晶球來算命，不管是哪一種方式，都需要同時發揮感受力和創造力。

最有效的直覺力技術叫做「尋水術」（dowsing），這是一種用來探測地下水位置的傳統手法。探測師拿著一根Y型木棍四處走，等到接近了水源時，探測師的手就會開始晃動，由此確定了水源地點。這種尋水技術到了現代被用來當作身體與心靈溝通的工具，用它來連結潛意識和肌肉協調功能。方法是問自己的潛意識一個問題，譬如某項食物對我們是不是健康，然後測試肌肉的協調力，我們會感覺到肌肉的反應，健康的食物和不健康的食物所造成的肌肉反應是不一樣的；健康的食物會讓我們強壯，不健康的食物會讓我們稍微變弱。藉由培養這種能力，可以了解自己在各方面的反應。

此外，由於阿波羅也是音樂之神，所以**聽音樂**也可以發展6數能量。學習演奏樂器可以培養敏感度，因為在演奏樂器的時候必須配合節拍和音高，並搭配其他演奏者，這種過程可以發展敏感度。一個缺乏感受力的音樂家，沒有辦法和其他演奏者和諧演出，聽在聽眾耳中會很糟糕。我們經常在卡拉ＯＫ裡聽到有人唱得荒腔走板，完全聽不出是在唱什麼歌曲。音樂訓練會教導我們感受環境、融入環境，還會讓我們知道有沒有變調、不協調或者聽起來不美妙，這些能力都是6數能量的重心。

阿波羅是音樂之神，但他的獨特音樂是讓人放鬆和進行反省的音樂類型。每當我們感到緊張或覺得壓力太大，這時我們的感受力和解決問題的能力會大大降低。凡是能讓人放鬆、讓生活取得平衡的方法，都可以把6數能量引進生活裡。有效方法之一是聽新世紀音樂或輕音樂；假如能在聽這類音樂的時候配合深呼吸，冥想二十分鐘以上，效果會更好，假如在睡前做，可以增進睡眠品質。

阿波羅也是光明之神。所以，走到戶外接受陽光也可以帶來6數的力量。不需要到曬黑的程度，更不要直接曝曬，只要摘下太陽眼鏡，在有太陽的時刻享受一下白日的光亮。科學研究顯示，缺乏日曬和憂鬱症之間有某種關連。有一個方法可以改善憂鬱，那就是改變家中和辦公室的照明，使用一種叫做「全光譜照明」(Full Spectrum Lighting)的照明系統，改用光線頻率與陽光相近而不含紫外線的燈泡。

改用全光譜照明並沒有想像中來得昂貴，而且通常只需要換燈泡即可。改採這種照明可以帶來無價的影響。研究顯示，全光譜照明也可以平衡身體的荷爾蒙濃度，增進記憶力並讓思考更清晰，消除疲勞，減少眼睛問題、壓力和負面思考，增進員工生產力，增強免疫力並減少感冒機率，好處說不盡。德國人把這些科學研究結果轉成法令，規定學校等公共建築物中不得使用螢光燈，而必須使用全光譜照明。

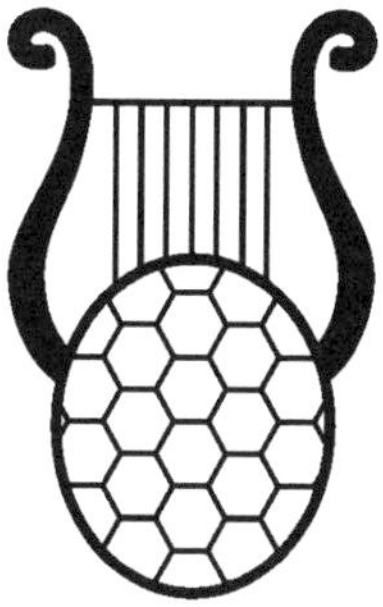

阿波羅的象徵物：里拉琴

阿波羅／6 數在人身上的作用

行為舉止：友善・有主見・敏感
體型：均衡・不會太粗壯
說話風格：害羞・願意提供幫助・尊重對方
衣著類型：不刻意引人注意・輕鬆休閒

與阿波羅／6 數相關的事物

幸運色：靛青色
身體部位：臀部・腦下垂體・胰臟・膽囊
星座：處女座

7

Athena

雅典娜

雅典娜是智慧女神與工藝女神，她帶給希臘的影響，形成了現代文明裡眾多事物的基本精神。今日吾人致力於促成公平的司法體系，建立大學制度，推動民主理念與公共辯論機制，鼓吹一個開放自由的社會，這些追求雖說是源於希臘人所接受的阿波羅精神，然而是在雅典娜的影響之下得以確立與發展。

希臘人對雅典娜的愛戴之情，從她踏上阿提卡半島中部一處岩石高地平台，與海神波賽頓爭奪「衛城」的城市守護神之職的那一刻就開始了。當時衛城是由一個半人半蛇、名叫凱克羅普斯（Cecrops）的生物所統治。

波賽頓先發攻擊，用他的三叉戟往衛城的岩石一擊，這一擊，地面居然冒出鹽水，確實令人大開眼界。不過雅典城就靠著海，所以鹽水對雅典人沒有太大用處。雅典娜則帶來了橄欖樹，讓雅典人可以食用橄欖，製造橄欖油，還有木材可以取用。於是古希臘人選擇了橄欖樹，並建了一座帕德嫩神廟供奉雅典娜。現在帕德嫩神廟旁邊還可以看到一株挺立的橄欖樹，爲的是紀念這段神話故事。

自此，這座城市便由「衛城」改以這位女神的名字「雅典」來命名。

假如想完整領略雅典娜的精神以及她對於希臘的意義，不妨想一想位於紐約的那座身穿古希臘服裝與涼鞋的自由女神像——許多學者相信紐約自由女神像是以雅典娜的模樣為藍本塑造而成的，她的姿勢則是仿照古希臘時代羅德島上的古代巨石像——那些巨石像可是世界七大奇觀之一呢！紐約的自由女神像描繪的是雅典娜頭戴太陽神赫里歐斯送她的帽子，為世界帶來光明。如此說來雅典娜並沒有消失，她以前佇立於雅典幾千年，現在則成為美國的新標誌，佇立於紐約。紐約自由女神像的原名是「自由光耀寰宇」（Liberty Enlightening the World），這精神正是雅典娜女神所代表的意義：一道屬於光明與智慧的明燈，是我們今日所珍惜的自由與正義的源頭。

仔細觀察紐約的自由女神像，就更能以數字學的角度來認識雅典娜。這座女神像的帽子上一共有七道光芒和二十五扇（2+5=7）窗戶。仔細觀察雅典的帕德嫩神廟、紐約的自由女神像和其他的雅典娜神像或象徵，將更能領會雅典娜是在哪些事物上改善了人類生活，其影響至今不滅。

雅典娜的神話

女神雅典娜的出身非比尋常。她父親宙斯的第一任妻子是泰坦巨人族的女神梅蒂絲（Metis），本為智慧女神。宙斯聽到預言說梅蒂絲會生下一個兒子，這兒子將來會殺死宙斯並接收他的權力。宙斯非常擔心，為了防止此一預言應驗，於是在得知梅蒂絲懷孕之後，便把她活生生吞下肚。這未出世的孩子在宙斯的腦袋裡長大，害得宙斯頭痛欲裂，痛苦不已。最後宙斯受不了折磨，於是找來火神赫菲斯托斯劈開他的腦袋——竟然蹦出一個亭亭玉立、一身金色盔甲的雅典娜。宙斯發現這孩子是女生，鬆了一口氣，認為預言不會成真。而雅典娜成為了宙斯最疼愛的孩子，宙斯非常信任她，讓她知曉他所有的祕密，雅典娜則成為宙斯的重要策士。

雅典娜從宙斯腦袋蹦出世界的這件事，似乎說明了她是從思考而來的一個女神，有大腦，特別能展現邏輯與智慧的力量。她雖然不以戰鬥力聞名，然而她從未吃過敗仗，這說明了她擁有高超的決策力。然而，雅典娜即便擁有強大的戰爭本領，卻永遠選擇和平，總是試著用不必兵戎相向的方式來解決。在希臘人與特洛伊人敵對的時候，雅典娜在兩方之間縱橫遊說，要兩方放下戰爭，平安返鄉；然而，特洛伊人開始射箭攻擊之後，雅典娜便與希臘人並肩作戰，最後還獻上「特洛伊木馬」之計，幫助希臘人打贏了戰爭。

雅典娜熱愛思考，喜歡前思後想把事情想個徹底。她這種個性在整座雅典城裡都看得到。許多現代制度都建立於雅典：今日的公平司法體系裡，被告可以延請律師在陪審團面前代為辯護，這個制度始於戰神阿瑞斯站在那塊「阿瑞斯之石」上接受陪審團審判，由阿波羅代表他辯論，因而成為史上最早的律師之一。這類的法庭場景後來移到雅典城的正規建築物內進行，但阿瑞斯之石則繼續被雅典人用來發揚哲學與一般思維。世上其他城市無不禁絕新生的哲思，特別是不准許新興宗教興起，可是在受到雅典娜影響之下的雅典，各式哲思與宗教都能得到發展。

任何人都可以站上阿瑞斯之石，對著眾人表達自己的理念。由此衍生的辯論是自由而且公開的，只需要遵守一條規則，那就是誰都不可以在闡述理念時摻雜個人情緒。希臘人認為，沒有人能夠真正明白任何一件事情的真理，假如有人讓自己陷入情緒起伏，表示此人緊抱著自以為的真理不放，而不願意發現真正的真理；與這種人繼續辯論，只是浪費時間。

雅典娜教導世人，在追求真理與建立美好社會的時候，必須一直抱持質疑的態度。人可以藉由質疑而得到學習、發展與成長，從而更接近真理。然而，由於我們永遠無法知道自己是否得到了真理，因此沒有什麼事物是神聖不可侵犯的，無一事無一人是不可受到質疑的。從這個理念出發，包括蘇格拉底與畢達哥拉斯在內的許多哲人都不相信文字紀錄，宣稱無論寫下的內容是什麼都是錯誤的內容，一定會誤導人心；因為真理是永遠不可能確知的，隨著世人對真理的概念產生改變，書籍就重新寫過，所以記錄根本是件浪費時間的行為。閱讀那些寫成了白紙黑字卻可能會矇騙人心的文字，將會誤導我們以為這些文字就是真理，使得我們不再進一步質疑、以求接近真理。

假如我們回想過去一百年來的科學發展，若說我們今天閱讀的內容再過個一兩年就會不正確，這倒也是正確的說法。科學世界裡連最基本的概念也都產生了改變。在愛因斯坦之前，科學界相信，宇宙只有一個，而它由包括質子在內的固態粒子所構成。但在愛因斯坦之後，所有的書籍內容都改了，世人相信宇宙是由同時在震動的固態粒子所構成；而這個理論在過去五十年又被推翻。關於宇宙組成物質的最新理論，聽起來不可思議，而且往往難以理解，科學家談的是並無規則可循的各種奇怪粒子，談的是平行宇宙存在於同時空，光速不再是最快的速度，時間旅行是值得探索的概念。

雅典娜這種質疑的觀念，奠定了科學和今日科學實驗方法的基礎。它樹立了一個自由開放的社會運作典範，在這樣的社會中，政府人員要為自己的行為負責，也應當受到其所服務對象的質疑；在這樣的社會中，沒有任何宗教能被視為絕對的真理，所以有宗教自由的存在，這也是為什麼基督教能在希臘生根，而希臘會成為基督教會的發源地。

《聖經》裡記載，使徒保羅來到雅典傳揚基督教，他並沒有強迫雅典人，僅僅只是讓雅典人自己看見：他們既然早就樹立了一尊獻給無名神祇的塑像，可見雅典人已經準備好要接受他所信仰的神。試想，今日哪個宗教會樹立無名神像或把祭壇獻給無名神祇？哪個宗教會教導信徒不要相信自己聽到的任何話語，卻要不斷質疑宗教的領袖呢？

這份對於真理和開放的熱愛，這種因為質疑而展現的自由與公正態度，使得雅典娜成為希臘文化的象徵、亞歷山大大帝的象徵，其後並化身為自由女神，成為美國的象徵之一。雅典娜堪稱眾神裡最講邏輯、最具知性的神，她熱愛質疑事物的精神使得她能做出最佳決策。這也使得她成為智慧女神，同時她依靠自己的英勇和智慧抵禦外敵侵略取得最後的勝利，所以也經常被稱作勝利女神。

此外，雅典娜也被稱作工藝女神，這就有意思了，因為她的名聲來自於她運作心智的能力，並不是她運用身體的力量。然而雅典娜熱愛編織，也喜愛藝術，喜歡發明物件。

也許做這些手工藝可以幫助她放鬆吧！有趣的是，在她所表現的藝術上仍然保有質疑的精神。有一回，一個名叫阿拉克妮（Arachne）的凡人女子，誇稱自己的編織技術與雅典娜不相上下。聽到這種不敬的言語，其他的神祇會想辦法報復，但是雅典娜接下了戰帖。最後她認為阿拉克妮的編織技術確實不亞於自己，可是她對一件事很惱火，那就是阿拉克妮在編織品上所表現的主題竟然是雅典娜與父親宙斯之間的姦情。這種主題豈是展現質疑精神，反而有人身攻擊的味道，也侮辱了雅典娜一心捍衛的至親；雅典娜打算殺了阿拉克妮，但她最終克制了怒氣，只是將阿拉克妮變成一隻蜘蛛。

雅典娜與7數的關係

雅典娜的個性可以用7數來形容：她不會輕易相信事物，喜歡質疑，熱愛學習，做決定之前會費盡思量，力求公平。此外也有懶洋洋的一面，而且運氣不錯，反正事情到最後不知為何就會演變成對她有利的局面。

7數人天生就愛批評與分析。他們是真的對於改善事物有興趣，眼中沒有什麼聖不可侵犯的事物。他們會審視每一種可能性，質問每一件事。這個分析與質疑的過程進行得很緩慢，而且往往有慢過頭的傾向，因而為7數人博得「懶散」之名。有人說，聰明人天生是懶骨頭。在某些情況裡，他們可真夠懶散，總有辦法拖拖拉拉；但是在別的情況裡，他們又確實真的想把事情思考到透徹分明，免得將來後悔。

雅典娜是最佳的審判員與戰略家，但她從來不是急智大王；急智大王這個頭銜要歸給宙斯的使者荷米斯，而由於荷米斯思考事情太過快速所產生的種種錯誤，使得別人看到他就會聯想到奸詐與不誠實。

天秤座與雅典娜

天秤座的象徵圖案通常是一台秤，這個測量工具是由火神赫菲斯托斯做出來、而由泰坦族的女神泰米絲所擁有。泰米絲與雅典娜的媽媽，智慧之神梅蒂絲有親戚關係。泰米絲是公義之神，一手拿秤，一手持劍，屬於比較早期的泰坦時期，不是奧林帕斯時代的神。她的位置後來就由雅典娜取代。

雅典娜在奧林帕斯山裡所扮演的角色是智慧、公益與自由。雅典娜是律法與智慧之女神，這兩項特質恰恰是主持正義時的必要條件，也使得雅典娜可以代表天秤座的特性。

天秤座的個性中最出名的特質是喜歡分析與質疑事物、追求公平、具有外交手腕、善於權衡判斷，以及喜好批評。這些確實也是雅典娜的特性。

愛情模式

雅典娜一直維持獨身，終生沒有出嫁，也沒有生小孩，被視為處女之神。但是她用自己的方式來幫助不幸的孩童，其中以營救大力士海克力斯（Hercues）的故事最有名。海克力斯是天帝宙斯與凡人女子阿爾克墨涅（Alcmene）所生的兒子。阿爾克墨涅知道天后希拉不會放過她，而且會傷害她兒子，為了怕被發現，她把兒子海克力斯放到一片不毛之地，碰巧被希拉與雅典娜看見了。雅典娜想救這孩子，於是把他交給素來奶水豐沛的希拉。就在希拉給海克力斯餵奶的時候，這小子竟然狠狠咬了希拉的乳頭一口，希拉一把將他拋開；而雅典娜趕緊抱住海克力斯，把他送還給他親生母親。在海克力斯成長的過程中，雅典娜一直與他保持連絡，還提供了有魔咒的神奇武器給海克力斯，並幾次搭救了他。最後雅典娜把海克力斯帶上天庭，進入了神界。

雅典娜有兩度差一點失貞。第一次是碰上了火神赫菲斯托斯想霸王硬上弓。最後火神未能得逞，可是他的精液流到了雅典娜的腿上，雅典娜用一片衣角拭去精液，精液落到地上，就這樣誕生了一個孩子。這個寶寶名叫厄里克托尼俄斯（Erichthonius，或作Erechtheus，兩名意思均為「大地之子」），被雅典娜安置在一只籃子裡。雅典娜希望把這孩子的存在當作祕密守住。可是有一天，那個人身龍尾的雅典國王打開了籃子，往裡面看一眼，這男嬰便化為一條蛇了。雅典娜准許這條蛇住在她的神廟裡，受她保護。

第二次是遇到海神波賽頓想對她非禮。雅典娜強力阻止了波賽頓，可是他也有一些精液落在她的大腿上。雅典娜把精液擦去，結果又有一個寶寶誕生了。波賽頓棄這個孩子於不顧，雅典娜便安排了一個好心人家收養這孩子。然而波賽頓不想讓雅典娜太好過，於是帶著美麗的梅杜莎（Medusa）來到雅典娜的神廟，在神廟裡雲雨一番——竟敢在處女雅典娜的神廟裡做出這種褻瀆行為！雅典娜怒不可遏，於是她把梅杜莎變成醜陋的怪獸，頭上不長頭髮卻長著蛇叢。後來，梅杜莎的面孔出現在雅典娜的神盾上，以此表現雅典娜的威力。

雅典娜為什麼會對於性事如此節制？這可能是出於她總是要藉由質疑事物來尋找真理的個性；但愛情是盲目的，這一事實又與雅典娜所象徵的精神互相對立。假如永遠不知道任何事物的真相，那麼陷入愛河的時候該如何相信自己的感覺呢？會不會這感覺並不是出於正確的理由，所以它蒙蔽了自我與對方，使得我們以為對方是我們的所有物，但明明就沒有任何人可擁有其他人，因之這份感覺將會引起妒火，使我們盲目，無法從事清晰的思考？於是，雅典娜保持獨身，始終守貞，而且似乎對此怡然自得。

人生課題

7數人做事情的時候喜歡慢慢來，這一點常常惹火別人。旁人往往不懂7數人為什麼動作這麼慢，會懷疑他們到底是生性懶散還是懷著自私的打算。這個問題的答案很複雜，可能因為7數人很聰明，腦中多的是事情可想，所以他們需要時間，也可能是出自他們懶散的天性。不過，他們懶散也許只是為了掩飾心中的害怕改變或不敢冒險，這特別是在7數人處於安泰的情況下會成立。對7數人來說，事情並不是非黑即白，而是一種多層次的複雜過程。他們要到了自己準備妥當的時刻才會決定要採取行動，而由於他們是完美主義者，所以往往要考慮很長的時間才能決定向前走。

問題是，現實世界裡沒有完美這回事。我們無法取得全部的細節來做出完美的決定。我們所得到的訊息永遠不夠充分。有時候，為了把握機會，不得不憑著勇氣或感覺做出決定。如果懶懶散散，或者任由恐懼擋住前路，那麼就會錯失良機。7數人需要學著管理自己愛拖延的個性，並為了夢想或目標而努力。由於7數人的運氣通常比別人好，只要花一些氣力就可以從送上門來的機會中獲得好處，因此比其他數字的人都容易獲得成功。

7數人可以非常吹毛求疵，遇到什麼事都要用他們的高標準去評頭論足一番。這種挑剔的個性常常令人難以消受，特別容易惹毛那些生性固執的人，或是想找人來強化自己理念的理想主義者。7數人批評事物也許是出於好意，目的在於追求進步，但是這種心意可能會被誤解，以為他們生來無情又小心眼。萬一碰上了另一個7數人，他們這種批評挑剔的態度會被自家人解讀得更為不堪。

就像雅典娜一樣，7數人並不像多數人一樣需要別人的陪伴。他們當然喜歡與人相處，但他們也很享受獨處的時光，如果缺乏獨處的機會，他們就沒辦法健康。但7數人假使與情感需求很大而情緒容易起伏的人在一起，他們的冷淡性格會使伴侶覺得不受疼愛與關懷。事實上有些7數人寧可不結婚，有些甚至看破紅塵，寧可追求精神上的體驗，也不在乎肉體的享受。7數人的這些特質在情感關係裡可能會顯得自私而且遲鈍，雖然他們其實是善良的人。

要解決這個狀況，就讓7數人在一開始談感情的時候就明白說出自己的需求與個性，如此一來，他們的伴侶就不必靠著自己摸索的痛苦方式得到答案。此外，也可以藉著加強感受性、找出屬於自己的關懷方式來調整這種7數特質。關於如何培養感受力，請參閱前面描述阿波羅6數人的章節。

7數人還有另一個問題。他們即使擁有高超的能力可以追求真相，但他們還是會出現盲點。就像駝鳥把頭埋在土裡以躲避危險，7數人的舉動有時就像雅典娜對待厄里克托尼俄斯的方式：假裝它並不存在。這種盲點，很難說是因為7數人害怕面對現實，還是他們個性裡的怪異缺陷；總之它們確實存在。

7數人也許可以用視而不見的態度來逃避一陣子，可是到頭來問題仍然要解決。早一點採取行動，是可以解決問題的。以雅典娜來說，倘若當初她早些把孩子從籃子裡取出來，說不定她兒子可以保有神祇的身分，安穩長大。如果7數人放任問題存在而且一直隱藏真相，久而久之問題會變更嚴重，而後果很可能會很悲慘，就像雅典娜的兒子最後變成了一條蛇。

許多擁有7數特質的名人，例如武打明星李小龍與英國黛安娜王妃，都是在一夕成名之後遭遇悲劇事件，因為他們都對明明存在的小事裝作沒看見。不管他們是因為懶得管，害怕萬一接受了現實後所可能產生的變化，或是因為他們習慣了好運道，於是指望問題會自行消失，總之結果都很悲慘。

對7數人來說，解決之道沒有別的，唯有正視自己的恐懼，一旦事情發生了，不管現實多麼醜惡，都要坦然接受。7數人必須接受事實並加以處理，才能在夢想、情感和人生裡獲得成功。

學習人生課題之後

雅典娜是十二星座裡天秤座的最佳代表：一個被遮蔽了視線的女人，一隻手握著秤，另一隻手握著劍。這台秤是雅典娜的神奇武器，她用它來分析事物，揭露事實。雅典娜是在眼睛看不見的情況下衡量，意味著她不在乎結果如何，只在乎衡量的方式合不合乎公正與確實。至於劍則用來做出決斷，以真理為基礎，做出判定。已經學習到人生功課的7數人，將可以善用雅典娜的秤與劍，用這兩樣工具做出可以帶來快樂人生的抉擇，不再有假象，只有最真實的經驗。

在今日世界裡，使用天秤衡量並質疑事物的能力顯得無比重要。那些為求私利而扭曲訊息內容的人、故弄玄虛的政客、媒體與廣告，想盡辦法操縱資訊，而我們飽受這些錯誤資訊的轟炸。

在現代世界裡追求成功，需要具備批評與接受批評、比較與被比較、評斷品質、擇定較好的行事方法、規劃更好的策略等等能力。坊間有太多書籍討論如何把古代戰略套用於現代商業世界，然而獨漏了最重要的一項策略：如何提出質疑和追求真相。若能具備這項技巧，一切的計畫都能產生期待中的報酬。想在今日世界裡求取成功，7數人的這項天賦是最重要的特質，這種說法並不過分。

善用7數的威力

最需要7數力量的時刻，莫過於想改善事物的時候。不管是與工作、嗜好或感情有關的事，我們都可以善用7數力量的秤與劍這兩項工具，提出質疑，找出真相。質疑，可以通往知識的殿堂，而知識就是力量。

在必須簽署任何法律文件的時候，很多人不細看合約內容就簽了名，後來才感到後悔。這時就要運用7數力量來花時間仔細讀合約，弄清楚條文，遇到不懂的地方要想辦法求教於人。就算是找律師幫忙，我們也需要這種力量，確定律師解釋了合約上的所有內容，別只是一股腦兒丟給律師處理。承認自己所知有限不是什麼丟人的事。上醫院準備開刀的時候，院方會要求患者簽署切結書，這時務必先把所要接受的治療所附帶的一切潛在副作用都問個清楚——說不定聽了說明以後會不想開刀！

7數力量還有一項用處：好運氣。人人想要好運連連，7數力量就可以為人帶來好運。在處境艱難、似乎看不到出路的時候，7數能量裡所包含的運氣可以幫一點忙。那運氣也許不足以讓人簽中樂透——話又說回來，中了獎也不代表就很幸運。不過，7數的運氣可能意味著會出現新的契機，如果善加掌握，結果可能會讓人如願，或者帶領我們接觸到更多機會。

當然，說到要掌握那些冒出來的機會往前進，可必須先克服恐懼。電影《聖戰奇兵》裡有一場戲，哈里遜．福特飾演的考古學家印第安納．瓊斯來到懸崖邊，他必須充滿信心跨過懸崖，還得相信自己不會墜崖而死。他閉上眼睛，踏出步伐，踏上一座看不見的橋，結果這座橋帶領他抵達懸崖的另一側。像印第安納．瓊斯一樣，當我們透過7數的力量得到了新的機會，我們就必須接受它，踏出信心滿滿的步伐向前行，且看運氣會為我們帶來什麼結果。

生活提示

如果缺乏7數的能量，曾經試著使用方法在生活中導入這種能量，應該會發現它不容易長久維持；過一陣子就回到了原來的狀態。

想維持7數能量有個好方法，可以使用各種有雅典娜的圖案和象徵7數能量的物件。

例如：穿戴紫羅蘭色的衣物；蒐集印有雅典娜圖像的T恤、杯子、海報；或者戴上象徵雅典娜的配件飾品，例如那面有梅杜莎頭像的盾牌圖案（譬如時尚名牌凡賽斯所使用的標誌）、橄欖葉或與橄欖有關的事物、貓頭鷹、蛇、蜘蛛、代表占星學裡天秤座的秤與劍、自由女神像，以及與刺繡有關的物品與手工地毯。

女神雅典娜教導了我們質疑事物以揭露事實真相的重要性。如果想發展這方面的能力，請找一個真正能夠談心的朋友，固定在一家最喜歡去的咖啡館碰面；準備一個在生活中持續出現的事物，然後針對這個主題加以討論。與朋友分析這個主題，順性直言，不過雙方要先講定，無論說了什麼，兩人都不要覺得不舒服，就算說出口的話會傷人，也要想到說這些話的目的在於幫忙。這種對話的型態稱為「**辯證**」，是由古希臘哲學家蘇格拉底所教授的方法。這是一項威力強大的工具，可以幫助我們對生活中的事物保持清明的觀點。心思愈清晰，愈能設想出新的策略，讓生活回到我們所期待的軌道。

由於雅典娜把橄欖樹賜給人類，所以橄欖油也是她送給我們的禮物。想要保有7數能量的方法之一是多多**食用以新鮮橄欖油調配的食品**。在希臘與義大利的餐館裡，餐桌上通常都擺有小瓶裝的橄欖油，因此可以在沙拉、麵包或菜餚上面添加橄欖油。也可以在家中依樣畫葫蘆，找一個小的橄欖油瓶，注入頂級的純正橄欖原油，然後把它稱為自己的雅典娜橄欖油。把這瓶油放在家裡的餐桌上，用餐的時候把未經烹煮的新鮮橄欖油倒在食物上食用。

未經烹煮的初榨橄欖原油，對健康的好處是舉世聞名的，在降低心臟病發生率、改善膚質、減少身體發炎症狀、減重等方面很有成效。所以，不用擔心熱量、血糖穩定等許多與油脂有關的問題。橄欖油確實是女神雅典娜送給人類的無價之寶，值得善加利用。在希臘，用三份的橄欖油、一份的檸檬汁，然後佐鹽調味，就成了一種風味濃稠的醬料，用在任何料理上都很對味，從生菜、煮熟的蔬菜到各式肉類與魚肉，還有馬鈴薯、麵包等任何澱粉類食品，味道都很合宜。也可以再加一些醋、醬油或山葵、芥末，變化口味。

女神雅典娜的**織工與藝術作品**也很有名氣。對於用腦過度、承受壓力的人來說，培養藝術方面的嗜好可以是一種療法，有助於解除壓力。若想為生活注入更多7數能量，不妨培養藝術方面的嗜好，把它稱為「雅典娜的嗜好」，也可以放鬆解壓。

雅典娜的象徵物：秤

雅典娜／7 數在人身上的作用

行為舉止：好奇心強．不輕易相信．在人群中很獨特而醒目
體型：普通體型．身材稍高．略帶運動員體型
說話風格：好爭辯．語帶挑釁或有批評意味．直率
衣著類型：在某些方面非常特別或與眾不同

與雅典娜／7 數相關的事物

幸運色：紫羅蘭色
身體部位：腹部．耳朵．肝臟
星座：天秤座

8

Hephaestus

赫菲斯托斯

赫菲斯托斯是火神，也是工藝大師，經常讓人聯想到鐵砧與金屬製品。他為希臘眾神打造神座、武器與大多數的首飾。他替阿基里斯做了牢不可破的盔甲；他發明了三腳凳與機器人；他製作了一組黃金打造的機器女僕當他的幫手；他甚至製作了一隻可以完全控制動作的機器怪獸，這隻怪獸出現在傑森與「亞果號」（Argonauts）勇士尋找金羊毛的故事裡。想一想眞是驚人，這些神話比現代科技早了幾千年問世呢！

神話中，赫菲斯托斯的製造物永遠不會損壞——說來有趣，在希臘境內唯一一座至今仍然完整留存的神廟就是供奉他的神廟！這座神廟就位在雅典娜神廟所在的雅典衛城下方，交通方便；事實上，進入衛城的門票就包括了參觀這座赫菲斯托斯神廟。

赫菲斯托斯可不是一般的工匠，也不僅僅是個擅長工藝的神祇而已，他能夠創造出像噴火牛之類的活物，更是神話中的人類之父。在我們人類出現之前，宙斯先創造了四代的不同人類；可是這四代都是男人，無法生育下一代。到了宙斯創造出第五代人類的時候，泰坦族的神祇普羅米修斯（Prometheus）把火傳給了人類。宙斯大怒，下令製造一種新人類，也就是女人，好讓人類繁衍，繼續受宙斯折磨。赫菲斯托斯銜命，用黏土捏出了一個女人，她的名字是潘朵拉（意指禮物）。潘朵拉從使神荷米斯那兒得到了一副虛偽心腸和一個說謊的舌頭。她有個盒子，就是著名的「潘朵拉之盒」，裡面藏著世上所有的不祥之物。眾神叫潘朵拉不可以打開盒子；可是，天生好奇的潘朵拉還是把盒子打開了——盒子裡的有害之物一個接一個飛出來，折磨人類，直至今日。（只剩下一個叫「希望」的東西。）總之，人類就這樣誕生了。而且，一如赫菲斯托斯的神廟至今依舊在，我們也還屬於第五代人類。

赫菲斯托斯的神話

火神赫菲斯托斯身世坎坷。關於他出生的神話有好幾個，不過基本上都有同一個主調：赫菲斯托斯的雙親在大吵一架之後把他扔出天界，他掉落在蘭姆諾斯島上。有一則神話說，宙斯獨力生下酒神戴奧尼索斯（另一說是雅典娜），妻子希拉心懷不悅，為了報復，也要來個單性生殖，在吃了一株神奇藥草後生下赫菲斯托斯（在某些版本中則說是阿瑞斯）。可是希拉發現這小嬰兒有一隻腳是畸形的，不適合成為神，於是把他丟出神界，而赫菲斯托斯便落在小島上了。他這一摔，雙腿摔斷了，差一點送掉小命。幸好有個巨人族的女神忒提斯（Thetis）與幾名海仙子相救，照顧他直到恢復健康，但他那隻畸型的腳一直沒有回復正常模樣。

赫菲斯托斯得不到父母疼愛，也還是得長大。他與蘭姆諾斯島上的獨眼巨人（Cyclops）一同工作，這怪物可是了不起的金屬工匠。赫菲斯托斯很快就開始製作美麗的首飾、家具。又因為他是個跛子，他還創造出機器人來當幫手。有一天，希拉注意到忒提斯配戴的首飾，便問她這首飾是從哪兒來的。希拉一知道製作者是他兒子赫菲斯托斯，便說服宙斯讓兒子重返天界，並讓他成為十二位奧林帕斯神之一。

宙斯把赫菲斯托斯請到天庭，卻被赫菲斯托斯婉拒，只送上一張黃金神座給母親當禮物，以答謝母親的邀請。希拉坐上了那張神座後，椅身便飛出黃金索，把她牢牢縛住。眾神想盡辦法為她鬆綁，但徒勞無功。於是宙斯派出戰神阿瑞斯逼迫赫菲斯托斯前往奧林帕斯解救他的母親。赫菲斯托斯可是火神哪，他朝阿瑞斯拋出火球，阿瑞斯只好撤退。宙斯於是改派酒神戴奧尼索斯上陣。戴奧尼索斯來到蘭姆諾斯島，與赫菲斯托斯喝了幾杯酒，把赫菲斯托斯灌得醉醺醺，這才把他丟上騾子背，帶回奧林帕斯。

然後赫菲斯托斯為希拉鬆綁，並對眾神細說分明，自己多麼氣憤當年被母親拋棄，而且說自己沒有母親。最後，感謝忒提斯的努力並送她禮物，因為她幫助他培養出令眾神甘拜下風的手藝。赫菲斯托斯在奧林帕斯蓋了一間地下工作坊，並取得神祇資格。

關於赫菲斯托斯成為神之後的神話故事，都把他描寫成一個心思細膩而充滿愛心的神，願意盡力制止衝突。許多故事說到了他在宙斯與希拉爭吵時是如何盡力調解雙親的爭執，因此他也被視為眾神裡的和事佬。

宙斯為赫菲斯托斯安排了一樁婚事，對象是愛神阿芙洛黛特。愛神欣然接受了，然而她為什麼會答應這樁婚事，眾人卻想不透，因為火神是公認外貌最醜陋的神。現在的人可能會說，火神製作的藝品可以吸引眾神爭相購買或用其他物品來交換，所以愛神一定是為了錢才嫁給火神。火神就像是今日某個上了年紀的大企業老闆，娶了個年輕女子為妻，人人都知道這女人只是想要他的錢。不過有些神話說到，阿芙洛黛特嫁給赫菲斯托斯是為了要火神為她兒子埃涅阿斯打造一件神奇的盔甲；卻也有一些神話說，愛神只是想找一個老實的丈夫罷了。可是，不管愛神為了什麼而嫁給火神，她從來就不安於室，在外頭有好幾個情郎，還替他們生了一堆孩子。

赫菲斯托斯從小被母親遺棄，對於背叛的滋味並不陌生；他又帶著一隻跛了的腿長大，可說是吃慣了苦頭。他化解傷痛的方式總是去工作坊幹活兒，鍛造著他那些赫赫有名的創作藝品。對於妻子紅杏出牆，赫菲斯托斯也是這樣面對。阿芙洛黛特任性與情郎親熱歡愛，使得赫菲斯托斯妒火中燒，但還是吞下了痛苦難過。終於有一天他再也受不了了。某天早上，赫菲斯托斯假裝照常出門工作，但其實是躲在家門外的樹叢裡，並準備一張牢不可破的隱形網，等著阿芙洛黛特的情郎出現。過了一會兒，阿瑞斯來到，跳上床與阿芙洛黛特親熱。這時赫菲斯托斯衝進屋裡，用這張隱形網逮住這對赤裸裸的戀人，然後拖著他們上法庭。

眾神見狀莫不哈哈大笑，卻判阿瑞斯無罪，原因在於赫菲斯托斯為阿芙洛黛特做了一條腰帶，把她襯得風情萬種，不但阿瑞斯無法抵擋，連法庭上的諸神也擋不住，誰都不該受責備。赫菲斯托斯也就放了這對情侶，走回工作坊，一如往常生著悶氣。但最後他還是接受了老婆紅杏出牆的局面，夫妻倆繼續住在一起，相安無事。

赫菲斯托斯與8數的關係

8數可以用來形容赫菲斯托斯的性格特質：個性熱情而堅強，但同時又溫文和氣，愛好和平，可是內心往往不是外在表現的樣子。他會盡量避免紛爭衝突，有能力看透事物的潛力所在，而且覺得有責任要把事物的潛力發展出來。他最喜歡置身於事物的權力結構裡面，不論是追求富貴發達，或是站在幕後掌握權力的位置，成為提供力量的來源。

如果我們察覺到有人把自己的情感隱藏起來不讓人知道，也許會覺得這種人不夠坦誠。他們表面上一副喜歡我們的樣子，但他們心裡其實是討厭我們的。有這種個性的人，習慣於壓抑痛苦，到最後會根本不知道自己真正的感覺是什麼，不知道該用什麼方法對自己誠實。

前面提過，8數人擁有一雙可以看透事物潛力的慧眼，也有創造開發這些潛力的熱情，這種創作也許是開發出商業產品，或是發展出觀念，或是形成一種宗教或政治哲學，或甚至只是讓子女盡可能得到最好的教育。這種人就像社會的園丁，播下種子，幫助幼苗發育茁壯，最後得到豐收。

8數人這種喜歡發展事物潛力的熱情，可以產生非常強大的威力，特別是在受苦難折

天蠍座與赫菲斯托斯

蠍子是天蠍座的象徵圖案，不過在更早以前是用蛇來代表天蠍座。蠍子與蛇都是醜惡的動物，躲藏在岩石下，雖然並不主動攻擊，但在遭受威脅的時候也會以自身的毒液來致敵人於死地。

這段描述，馬上讓人聯想起火神赫菲斯托斯。火神有最醜陋之神的稱號，大半生都在地下室的工作坊裡渡過。他從來不蓄意傷害別人，但他是火之神，身上具備了毀滅事物的能量，只要他認為應該自保的時候，也會發揮這種能力。
此外，有趣的是，他有一個孩子是對雅典娜強暴未遂而產下的，那孩子是個半人半蛇的生物。

磨的時候，或者看到他人受苦受難的時候。他們一旦受夠了折磨，如果沒有落得病懨懨，就會起身什抵抗，個性從軟弱小貓咪變成威猛大獅子，把磨難轉為成功。很多8數人都有白手起家的故事；很多8數人本來是單純的人，後來參與了政治，最後卻改變了整個國家的方向，這就像列寧之於俄羅斯，曼德拉之於非洲，孫逸仙之於中國。

愛情模式

赫菲斯托斯常常被描寫成一個好人，只不過相貌不佳，甚至該說他長得醜陋才是。他的初戀是雅典娜，但被她拒絕；不知道雅典娜拒絕火神是因為他的長相還是她自己想要保持獨身。赫菲斯托斯求歡遭拒，但他對雅典娜的熱情使他昏了頭，竟然企圖霸王硬上弓，但強暴未遂，在雅典娜的大腿上留下了精液，有許多則神話都對接下來發生的事有所敘述。總之，最後雅典娜因為火神滴落在她腿上的精液而以處子之身生下了一個孩子。請參考雅典娜那一章來了解這一段情節。

赫菲斯托斯在結婚前還有幾段戀曲，只不過沒有一段開花結果。他後來在遇到人際的衝突時都會保持沈默，只是默默到工作坊幹活，這種反應模式顯然與雅典娜事件有關。

愛情關係需要以開放和誠實的態度來經營，要養成每天表達情感的習慣。把感覺與情緒壓抑下來不說，只會讓別人覺得冷淡不友善，讓對方覺得不受關愛。只有愛神阿芙洛黛特知道如何對待赫菲斯托斯，那就是照他原本的樣子去愛他，不帶任何要求或期望。當然啦，阿芙洛黛特能做到這一點，是因為她可以在其他地方獲得性或情感方面的滿足。阿芙洛黛特最後還是選擇留在赫菲斯托斯身邊，這使得他在情感上得到治療與變化，這只有愛神辦得到。

人生課題

8數人擁有愛好和平與敏銳善感的特質，不喜歡傷害別人，個性裡天生就會避開衝突場面。為了達到追求和平的目的，他們會犧牲自己的需求，願意為了讓別人快樂而放棄自己想要的東西，隱藏自己真正的心情，以求維持事物表面的樣子。他們一輩子都在做這種事，而且完全不覺得這樣做有什麼不對。但這種模式所形成的沮喪、痛苦、恐懼、恨意等種種情緒會逐漸累積，可能會使他們的內心完全麻木，到最後變成完全不知道自己真正的感覺是什麼。

這種人可能永遠無法活出自己的人生，卻會選擇去過別人期望他們過的生活，而自己內心感到挫折喪氣。8數人這種壓抑情緒的行為模式會導致過多的健康問題，甚至是嚴重的疾病；為了健康著想，他們必須打破這種惡性循環。8數人必須對自己誠實，也要對他人誠實，就算誠實會帶來衝突與對立，甚至可能導致失去一切，人生必須重頭再來，也必須誠實以對。他們必須試著發現，以誠實為基礎的人生是多麼美好。

當生活一直不如意，不少8數人會傾向於認為可以用金錢來解決不如意，而這種念頭會使得他們喜歡催逼別人發展、投資、冒險，但往往得不到別人的回應。如果一個8數人像這樣子逼迫自己的另一半，將會使兩人之間的愛情熱度冷卻，造成失和，最後甚至勞燕分飛。如果這種情形發生在職場，會造成大家對公司抱持不同的理想，為此發生爭執，那麼總有一方眼看著事態的發展不符合自己期待而決定辭職。8數人這種對於建構事物與栽培事物的熱情，使他們天生就適合擔任主管、領袖或開發人員，只不過事態很容易走火入魔。

8數人必須學著不要硬逼那些不想成功的人非要成功不可，應當把這份熱情用在真正願意接受幫助的人身上；不要強迫事情必須按照自己的期望發展，而該讓解答自然呈現出來，讓別人藉由他自己的錯誤來證明8數人的見解才正確，這樣就可以了。8數需要學著用更自然的角度來接受事物的本貌，而這才是最佳的領導之道。時間會證明8數人是正確的，就讓別人學著尊敬自己吧。

就理想狀況來說，8數人應該以赫菲斯托斯為榜樣，盡情開發自己的天賦與見解。與其讓自己陷在不如意的人生裡而束手無策，不如用有創意的方式聚集自己的熱情，全力以赴，想辦法做出結果，做出可以讓人看見並欣賞的作品。很多人都知道，需要運用創造力的嗜好有助於表達出內心最深沈的情緒，也是一種探索自我認識自我的途徑。8數人可以從一種自己喜歡的嗜好開始，慢慢培養這項嗜好，最後這項好說不定可以變成一項事業呢。

當8數人決定了要採取這種行動，往往會搖身一變成為工作狂，而且可能會覺得自己被家人或情人拋棄。再一次提醒8數人：在這種時候一定要冷靜，讓事情慢慢以自然的方式發展，這樣才能在不犧牲家庭與朋友的情況下追求成功。而保持冷靜與耐性的方法當然只有一個，那就是要把內心累積的低落、沮喪情緒釋放出來，並且不再讓這種情緒有機會累積。想要釋放沮喪情緒，唯有用徹底的、甚至殘忍的誠實態度面對人生，並且勉力採行合宜的健康生活方式，才可能做到。

學習人生課題之後

出現在繪畫作品裡或雕塑成像的赫菲斯托斯，常常是個手持鐵鎚的強壯男人，對著鐵砧上的金屬塊敲敲打打。他用這些工具把原料金屬變成藝術品，把挫折轉化於天賦才華的展現。

藉著學習8數人的人生課題，我們也就學到要拾起自己的熱情，把熱情轉化為成功故事。我們不該壓抑自己真正的感受，卻要忠實表達自己的感受，為他人創造出物品、概念、機會，以及各種以正面方式發揮能力所做出的事物。

如果能善用創造力並且逐步把想法建構起來，就會更有力量去做更多的創造與發展；漸漸的，因為外貌或能力而來的不安全感，都會消失不見。長得其醜無比的火神赫菲斯托斯都有能耐娶到最美麗的女神阿芙洛黛特了，不是嗎？而火神是怎麼做到的呢？這是因為，最重要也最具吸引力的美，存在於人的內在；這份對於內在美的培養，就像別人因為看到了火神懂得運用鐵鎚與鐵砧而感受到他的內在美，這份為了要讓內在美藉由創作而釋放出來並讓所有人看見的努力，才是成功之鑰。藉著學習赫菲斯托斯和8數的人生課題，我們可以同時得到財富與快樂。

善用8數的威力

人人都有對別人不坦白的時候。我們都曾經在嘴上奉承別人、表面上善待別人，但心中很想大罵對方。我們也都偶爾會為了不要惹事而想辦法讓他人高興。如果一個人從小就有這種行為模式，那麼他長大後會根本不認識自己是誰，不知道自己的人生是為什麼而活。

8數的力量可以幫助我們展現真正的自己。透過使用象徵性的鐵鎚與鐵砧，藉由熱情追求自己的夢想、認真執行自己的工作，可以讓別人知道我們內心的想法。這份力量會鼓勵我們要對自己與別人誠實，也能讓我們有能力做到誠實；做到了誠實，可以讓我們更清楚掌握自己心裡的變化。這過程就像是剝洋蔥，一層一層把原本隱藏著的想法與感覺揭露出來，我們的創造力也隨之增加。這將會帶領我們創造出一個我們真心想要的、而且真正適合我們的人生。

不論是踏上旅途、開創新事業、發表演說或是做業務簡報、重回校園念書、結識新朋友，只要是依著新的計畫往前走，就會有風險。8數的力量可以帶給我們信心，以及承受風險的能力，因為我們知道這個新計畫來自於內心，是我們真心想要做的事。

古代的人一輩子只做一份工作，但在今日這個不斷變動的世界裡，多少人每隔幾年甚至幾個月就會換一次工作。為了趕上瞬息萬變的環境，我們需要建立信心，可以時時隨著商業世界的需求來重新出發。不管是再度進修或是自創事業，只要我們運用著自己的創造天分，赫菲斯托斯與8數的力量便可以幫助我們克服難關，攀峰登頂。

8數力量還可以用來處理壓力。人在壓力之中的時候，思維會固定在一個地方，不斷想著該如何跨過這一關，而且無法拋開這些念頭。這就造成了大腦無法休息，而壓力帶來的負面效應也在身體內開始累積。假如能依循著赫菲斯托斯與8數的引導，將會找到方法來把這種情緒與熱切轉移到工作上，進而想出更好的解決方式與更新的創意見解，最後也就能解除壓力。

生活提示

如果缺乏8數的能量，曾經試著使用方法在生活中導入這種能量，應該會發現它不容易長久維持，過一陣子就回到了原來的狀態。

想維持8數能量有個好方法，可以使用各種有赫菲斯托斯的圖案和象徵8數能量的物件。例如：穿戴金色衣物；蒐集印有赫菲斯托斯圖像的T恤、杯子、海報；或者戴上象徵赫菲斯托斯的配件飾品，例如在從事金屬藝品製作時所需要用到的鐵鎚與鐵砧、鐵匠，或是火山，以及任何赫菲斯托斯所製作的物品，包括機器人、首飾、神座、武器、三腳凳，特別是使用珍貴金屬與寶石製作的物品。

由於赫菲斯托斯是工藝之神，而首飾的製作也在工藝之列，因此不妨挑選一個喜愛的、以金屬為底座的**珠寶首飾**，把它當作自己的赫菲斯托斯物件。在需要提醒自己必須勇往直前、承擔風險並克服恐懼的時候，就戴上它。

這件物品最好是以純金打造，或者盡可能接近純金。很多人不喜歡配戴二十四K金的首飾，因為在配戴時會留下痕跡或變形。不過，考慮到要拿來作為提示赫菲斯托斯力量的物品，二十四K金是最適當的選擇，它說明了我們在面對現代生活壓力時應該表現出來的模樣——這意思是，我們會受到壓力的影響，順應壓力而彎曲，可是我們的靈魂會永遠保持純粹。外表不是最重要的事情，內在的美麗與力量可以讓人活出屬於自己的人生，快意滿足。有了二十四K金，誰還需要鈔票呢?不管純金的表面是不是有刮痕，不管彎曲的程度多麼劇烈，純金的價值絕對不會消失。

還有另一個實用方式也可以提示赫菲斯托斯是如何對抗壓力的，那就是**培養一項具有創造性質的嗜好**。很多人認為，所謂的嗜好是譬如打高爾夫球或游泳之類的活動。然而，運動不能算嗜好，那只是為了保持健康體魄所必須從事的活動。這裡所說的「赫菲斯托斯嗜好」，指的是必須運用創造力來開發新想法的嗜好；它可以是很單純的事情，譬如寫詩、寫日記、下廚發明新菜色，它也可以是複雜一點的活動，例如寫歌、上繪畫課、學雕刻、製作珠寶等活動。藉著把精神放在自己懷有真正熱情的事物上，有朝一日，說不定這項事物會變成一門事業，天下沒有不可能的事。這些創造性的作品有一天也許會被人發掘，以後「成為歷史」，就像天后希拉發掘了赫菲斯托斯製作的首飾，使他得以晉升神祇之列。我們不會成仙成聖，但我們會因此有機會得以享受人生，把每一天都用在自己熱愛的事物上。

為了培養或維持嗜好，最理想的情況是擁有一塊永久屬於這項嗜好的空間。赫菲斯托斯在奧林帕斯的地底下鑿了一個大洞，在洞裡打造自己的工作坊。我們也可以在自己家裡設置一個培養嗜好的角落，或者租一個小而便宜的空間來作為嗜好房間。把空間安排好之後，每當需要用到赫菲斯托斯的8數力量時，隨時可以進入這個空間。盡可能讓這個空間適合於從事我們的嗜好，這樣可以讓我們更有機會沈浸在這項嗜好裡。

赫菲斯托斯是火神，因此我們只要透過點燃蠟燭這樣一個簡單的動作，就可以讓自己想到他的力量。在所有宗教的絕大多數教堂廟宇裡面都有點燃蠟燭的做法，彷佛把晚餐桌上點蠟燭的氣氛更加擴大。不妨養成點蠟燭的習慣，特別是在與工作有關的吃飯場合，如果要和別人在餐桌上討論新的商業點子，那麼桌上的燭火會提醒我們，我們與赫菲斯托斯一樣擁有創造與發展事物的力量。

赫菲斯托斯的象徵物：鐵砧

赫菲斯托斯／8 數在人身上的作用

行為舉止：友善・內斂・有主見
體型：強健，但非運動員體型
說話風格：尊重別人・但有時語帶諷刺
衣著類型：得體適當・有時候會穿戴名牌

與赫菲斯托斯／8 數相關的事物

幸運色：金色
身體部位：胸腔／胸廓・心臟・大腸
星座：天蠍座

9

Artemis

阿特米絲

大部分的人都是在覺得無能爲力、生病或遇險的情況下，會向神明祈求禱告；這些也差不多就是古時候的人會向希臘女神**阿特米絲**所祈求的情況。大家都知道阿特米絲掌管光明，以「月神」之名爲人所知；她爲夜晚帶來光明，是受苦受難者與弱者的救星。人人敬愛並需要這位女神。

希臘全境都有她的神廟，不過今日土耳其境內的古城以弗所（Ephesus）獨尊阿特米絲。以弗所有一座阿特米絲神廟不但占地廣大，也精美絕倫，並成爲世界的七大奇觀之一。

以弗所這座古城的歷史悠久，先後經過好多個民族的征服統治，而以弗所與阿特米絲的關係早在亞歷山大大帝時代就展開了。亞歷山大大帝征服了以弗所之後，把它命名爲愛奧尼亞（Ionia，這是因爲彼時希臘人叫做愛奧尼亞人）。古希臘人在這裡發現了一座獻給阿特米絲或類似阿特米絲的女神神廟，可能是神話時代由亞馬遜族（女戰士族）所建立；於是希臘人把這座稍小的神廟加以重建，並把以弗所建設成古代數一數二的大城市，與雅典和亞歷山卓齊名，成爲歐洲、亞洲、非洲與中東之間的貿易中心。

希臘人自己也蓋了一座宏偉的阿特米絲神廟，還建造了一座壯觀的劇場，這劇場可以容納三萬多人，今天還存在，作爲音樂會的演出場地。後來，羅馬人接管此城，帶來了更蓬勃的發展，並把此城的名字從「愛奧尼亞」改爲「以弗所」。

《聖經》裡提過以弗所這座城市，耶穌的門徒之一保羅曾來此地佈道。那時，顯然崇拜阿特米絲的民眾對基督教是採取完全排斥的態度，他們在劇場集合，並把保羅的兩名同伴帶走，加以囚禁。《聖經》裡記載，以弗所有個名叫底米丟（Demetrius）的銀匠，他責怪基督教文明會敗壞此地神像工藝品製造者的生計，因為那個時候的阿特米絲神廟已經成為觀光勝地，前來參觀的人總會購買與阿特米絲的相關藝品當作紀念，也會捐錢給神廟。

物換星移，以弗所歷經了好幾次變化，原因出在它是一座靠河的城市，河川帶來的沈澱物質慢慢淤積，造成海岸線外擴，這座城市因此失去了港口。這項變化意味著以弗所財政收入的損失，沒多久，以弗所便遭到遺棄了。多虧英國探險家約翰・伍德（John Turtle Wood）的努力，以弗所的阿特米絲神廟在一八六九年重見天日。近年來，在土耳其政府的支援之下，神廟原址附近進行了古物挖掘的工作。

以弗所這座阿特米絲神廟的精妙複雜程度，遠遠高於其他的阿特米絲神廟。這可以從出土文物看出來。在希臘的其他地區，阿特米絲神像都是手持弓箭，以女獵人的形象出現，但在以弗所的文物大大不同：她的胸口覆蓋著大量的蛋（一說是乳房），而且沒有腳，是以樹木般的樣子固定在地上，身上也沒有武器。以弗所的阿特米絲神像比較接近愛神阿芙洛黛特或豐收女神蒂美特，被描繪成賜予生命的大地女神，果斷而獨立，專門幫助陷入困境的人。

阿特米絲是處女神，而這就讓人不懂為什麼她又會與「繁殖孕育」之間有所關連？這有幾種可能的解釋，第一，她是月神，也是露水之神；古時候的女人想懷孕時會全身赤裸沐浴在月光下，直到身上覆滿露珠為止。這麼說來，身為處女神並不代表不從事性行為或沒有生小孩。也許阿特米絲在成為天神的時候仍是處女，才會獲得處女神的封號，這很類似雅典娜的情形，不像其他女神在成為天神時都已經婚嫁。也可能是因為阿特米絲的個性獨立而不受拘束，使得她即使已非處子之身卻仍具備處子一般的清純氣息。

還有一個重點要注意。西元四三一年，以弗所的基督教會公開宣稱瑪利亞為聖母，在此之前尚無人做此認定。有些人相信，這麼做的用意是要把耶穌的母親瑪利亞塑造成處女生子的形象——聖母瑪利亞，以此取代以處女之身當上母親的阿特米絲的地位，以轉移民眾對於阿特米絲的崇拜情懷，而更願意接受基督教教義。有趣的是，包括天主教徒、希臘正教與東正教徒在內的基督宗教，至今所擁有的聖母聖像比她兒子耶穌的聖像來得多，而向聖母祈禱的信徒也比較多，特別是在困境之中他們會呼喊聖母的名字，彷彿在向阿特米絲祈求！基督教會甚至加油添醋補充若干情節，聲稱聖母瑪利亞葬於以弗所，更加強她與阿特米絲之間的關聯。

想要感受阿特米絲的能量，只需要走訪一處人跡罕至的原始森林即可，因為阿特米絲最初的神廟並不是一座建物，而只是一張綁在樹木之間的鹿皮。這類的地點在希臘境內很多，如薩摩斯島（Samos）、薩拉米斯島（Salamis），以及希臘中北部，特別是在梅提歐拉（Meteora）一地有多處修道院，所散發出的能量與阿特米絲處女能量類似。站在希臘的松樹林裡，會讓人覺得四周充滿了生命力，覺得生命是自由的，並領悟到自己不應該對自己設下任何的限制，卻應當享受人生，追求夢想。

阿特米絲的神話

統御眾神的宙斯愛上了泰坦族女神勒托，使得勒托懷了他的孩子。天后希拉大怒，安排了一條可怕的食人蛇追殺勒托。勒托拚命逃，不能歇腳也不能生產，最後找到了一座在海中時隱時現的迪洛斯島（Delos），避開食人蛇的追逐，用很快的速度在沒有疼痛的情況下生了一個美麗的女兒，就是阿特米絲。

生下阿特米絲之後，勒托感受到極大的痛楚。這時阿特米絲站起身來，幫助母親產下了她的雙胞胎弟弟，阿波羅。某些神話說，勒托花了九天九夜才把阿波羅生下來。還是小嬰兒的阿特米絲出於本能就知道該如何幫助媽媽生產，這使得她成為第一位治療之神，更是第一位護士與助產士之神，從此並以保護弱小而聞名，守護著病人、孩童和身陷危難的人。

宙斯把這一雙兒女，阿特米絲與阿波羅，接到奧林帕斯山同住。阿特米絲三歲生日時，父親宙斯問她想要什麼生日禮物。阿特米絲很知道自己的人生要什麼，於是她提出以下六項要求：

一、她想成為給世界帶來光明的女神。

二、她要享有不結婚的自由。

三、她要得到狩獵用的武器，也就是弓與箭。

四、要享有隨意穿著打扮的自由，她想穿狩獵服裝。

五、要六個年輕的仙女在她身邊服侍她。

六、她要得到天下所有未受破壞的山林，好讓她居住其中。

宙斯答應了她這些要求，於是阿特米絲便搬進山中，住在野地裡，徜徉大自然間，靠狩獵與採集維生。早在農業問世之前，人類就是用這種方式過日子。後來，就像她自己所要求的一樣，她一生沒有結婚生子，被視為處女神。她在野外過生活，練就一身高超的射箭技巧。她常與孿生弟弟阿波羅較量射箭技術。有趣的是，阿特米絲雖然也殺生取食肉類，然而對於那些被掠食性動物追捕的弱小動物，她會大力保護，想盡辦法把掠食性動物加以消滅。她如此熱愛拯救弱小動物，也使她多了一個救星的稱號。

阿特米絲這種救星形象在不同的故事中多次出現。有一回，一群正要前往特洛伊打仗的希臘士兵殺死了一隻兔子，這事觸怒了阿特米絲，她認為，身強力壯的人怎可以彎身殺害一隻如此可憐的無辜小動物？於是阿特米絲出手擋住了這些士兵的行腳——這種下場算是不錯的了，感謝這位富有同情心的女神，否則他們鐵定會在那場戰役中喪命。

又有一次，阿特米絲的母親勒托前去阿波羅位於德爾菲的神廟，遇到巨人提提俄斯（Tityus）意圖強暴她。這時阿特米絲突然出現，朝巨人射箭，使他一箭斃命。還有一次，女神妮歐碧（Niobe）出言侮辱勒托，自稱生了六男六女，比勒托更稱得上是個優秀的母親。阿特米絲氣不過，殺了妮歐碧的六個女兒；弟弟阿波羅則取了六個男孩的性命。有一次阿特米絲在洗澡的時候，再次展現了她這種在面對批評與不敬所產生的激烈反應：一個叫阿克泰翁（Actaeon）的獵人偷看阿特米絲洗澡，窺見她的裸體。於是阿特米絲對他潑水，把阿克泰翁變成一頭鹿，這頭鹿在逃走的路上，被他自己養的獵犬給咬死，屍身碎成多片。

阿特米絲也幫助過其他的神明，不過她大多數的時間都過著寧靜而不受拘束的生活，不受打擾，在旁邊津津有味看著眾神的舉動。除了在荒野生活與狩獵以外，阿特米絲其實也喜歡玩樂。她定期前往弟弟阿波羅的神廟，在神廟裡跳舞並參與各種活動。

她享受孤獨，依循季節與天候變化而過日子；她的心地善良、誠心付出、善於提供有用的幫助、樂於助人甚至能夠治療不幸的人——這一切看來似乎完滿，然而她想成為光明女神的要求始終未能如願。她弟弟阿波羅也是光明之神，後來並繼任成為太陽神，每天規律散發出強烈的光芒。而阿特米絲自由任性的行事風格，與月亮的月缺月圓現象近似，加上月亮也能照亮大地，因此她更適合擔任月亮女神。阿特米絲藉由月亮的力量，幫助人類熬過最難過、最危險、最黑暗的時刻。

阿特米絲與9數的關係

阿特米絲的個性可以用生命密碼的9數來描述：9數人對於人生懷抱著獨特的夢想，假如無法實現夢想，或是在實踐夢想的路上受到了阻礙，他們就快樂不起來。9數人生性良善，不吝於照顧與幫助他人，善於逗人開心，他們是所有數字裡面最具理想主義色彩的一群，相形之下也就比較不實際，而且非常不能接受別人的批評。

射手座與阿特米絲

射手座的象徵是一匹人頭馬身的動物，住在古希臘時代的森林裡。這種半人半馬的動物喜歡自由在大自然裡活動，並且是箭術高明的神射手，在人類有難的時候會仗義相助。

這些描述都很吻合阿特米絲的特性。阿特米絲位在以弗所的神廟相傳就是森林裡的幾棵樹。

阿特米絲在森林裡自由自在生活，但並不是無憂無慮，她很關心那些生病的人，特別擔心小朋友，她有救命之神的稱號，這個慈善與救人的特質其實是射手座的特性之一，只不過一般占星書籍對此並沒有多做描述。

9數人也許並不確定自己要什麼，但是他們心中確實有夢，而且總是傾向於活在自己的世界裡；必須花時間與他們相處，才有可能認識他們的世界。9數人的世界可說是不切實際的，因此他們追求夢想的過程也變得極其辛苦。然而，不管別人怎麼批評，就算他們的夢想可能會拖垮生活，9數人也永遠不放棄夢想。

古代的斯巴達人曾經舉行一種紀念阿特米絲的儀式：斯巴達人在每年裡會有一天要鞭打士兵一整天，讓士兵承受痛苦，以此除去士兵們對疼痛的恐懼感，讓他們變得勇往直前，無所畏懼。這種強烈的驅動力，正是9數人在追求夢想時所懷抱的動力。

基本上，9數人非常善良，是很好的幫手，喜歡逗別人開懷大笑，喜歡享受生活。看到需要幫助的人會盡力提供援助，為不幸的人服務；就算無法解決受苦者的難題，至少也會想辦法讓那些可憐人感覺好過一些，給個擁抱，握住他們的手，逗他們露出笑容，讓他們覺得受到關愛。受到9數影響的人會覺得人生處處有奇蹟，夢想終究會實現；這類型的人對於小時候讀過的童話故事深信不疑，說不定寫出這些童話故事的人就是9數人。確實，很多作家、藝術家、喜劇演員、影視名人都是9數人呢！

愛情模式

9數人對於感情的要求極其獨特而講究。他們知道自己要的是什麼，也會陷入愛河，而有時候太輕易愛上別人，卻又很難分手。這一型的人生性浪漫、熱情，但他們的情感模式或多或少還是看重精神層面，會讓人從一開始就覺得他們既是情人也是心靈伴侶。9數人那種溫暖又令人開心的作風，讓旁人覺得放鬆而且魅力十足，然而，他們的愛情卻又帶著一絲抽象氣息，親近之後會覺得他們像個神父而不再是情人。就像阿特米絲永遠享有處女的地位，9數人在某種程度上也保留了處女的單純與純潔——雖然他們根本不單純也不純潔。

阿特米絲只愛過一次，對方是獵人俄里翁。這段感情發展得很自然，她是在林間狩獵的女神，俄里翁則是在森林狩獵的獵人。她對這段感情的付出，就只是常常與他一同狩獵，因為她發現跟俄里翁一起打獵比自己一個人打獵來得更好玩。可是兩人並沒有進一步雙宿雙飛，阿特米絲沒有為了長伴情人左右而放棄她自由的生活方式。

這一對狩獵情人經常作伴狩獵，占去了阿特米絲與阿波羅相處的時間，為此阿波羅非常嫉妒：姊姊以前都跟他一起消磨時光的。有一天，阿波羅看見俄里翁在海裡游泳，於是把阿特米絲叫來，向她挑戰射擊技巧：「你看得到海裡的那個點嗎？」阿特米絲一聽，立刻出手射中目標，誤殺了俄里翁。阿特米絲非常傷心，從此再也沒有陷入情網。不過她照常過日子，阿波羅也贏回了她的注意力。9數人懂得享受愛情，但假如覺得時候到了，他們也會選擇放手，只不過他們有時候不太能分辨什麼時候叫做「時候到了」。

人生課題

在人生裡擁有夢想、活得有目標，是很棒的事。但如果夢想太過不切實際，就會產生問題，最後只會浪費生命。9數人看起來常常像是來到人間接受訓練的天使，喜歡幫助人，滿懷夢想，即使所懷抱的夢想是虛幻假象，他們也相信一切都可能發生。這類的例子數也數不完：

- 夢想乘船環遊世界；而在擁有了自己的船隻、航向大海之後，卻碰上了暴風雨把船隻摧毀，在千鈞一髮間勉強保住了性命。
- 夢想擁有一個寶寶，卻找不到合適的丈夫人選，於是決定哄騙某男子來讓自己懷孕，結果發現竟然被那傢伙傳染了愛滋病，胎兒也連帶遭殃。

- 夢想與某個男子或女子廝守一生，沒想到對方竟是個自私鬼，不僅被利用，對自己也不好，而且在「廝守」的那些年裡，對方在外頭一直有個祕密情人。
- 夢想有朝一日與愛人結婚生子，多年以後卻發現，自己或對方都過了生育年齡了，對方仍然無意結婚。
- 夢想要贏得選美冠軍，但並不擁有傾城的姿色，於是把全部積蓄都拿來動整形手術，不料因爲手術的副作用吃盡苦頭，等到好不容易康復時，已經過了年紀，不符合參賽資格了。
- 夢想進入某個行業賺大錢，然而沒有任何相關的從業經歷，還是投注了所有身家財產當作資本，到頭來犯下一大堆愚蠢的錯誤，以傾家蕩產告終。
- 夢想踏入某個產業工作，希望早一點達到目的，但沒有先取得相關領域的學位，反而向某個老闆說願意不支薪工作。自己非常努力，但等到想要闖出自己名號、贏得賞識的時刻，卻被人一腳踢開。
- 夢想著取得一個學位，但必須背負學生貸款才念得起，於是想辦法借錢來念書，入學之後才發現學校所教的那一套完全不如預期，而且自己根本不喜歡。

凡是懷抱著不可能實現的夢想、而且討厭別人用務實角度提出批評的人，其實是自找麻煩。旁觀者往往能以更客觀的角度看出我們的真實狀況；只要願意聆聽別人的意見，我們的夢想也許可以更快實現，不致有重大損失或多走冤枉路。對於9數人來說，假如是碰到了障礙而灰頭土臉，也許會使得他們重重摔倒，使得他們再也達不到目的地。9數人要學著接受別人出於務實考慮而提出的批評，放下自尊心，並在追求夢想的過程中多多培養耐性。9數人需要認識到：直接朝向夢想而去，有時候反而不能達成目的。

阿特米絲那種一箭朝向目標射過去的作風，有時候反而會誤事，譬如她就錯殺了自己唯一的愛人。人生裡的多數時候不是以直線方式前進，而是迂迴繞彎，把小事處理妥當，讓大事自然而然完成。夢想就像影子，跨一大步想接近它，它卻移開了。為了讓所想要的東西靠近我們，我們必須往後退，做好一切準備工作，等待機會來臨。

想賺錢的時候，別妄想立刻賺大錢，而要穩扎穩打，如此一來，萬一發生什麼閃失，所造成的傷害會比較小。談戀愛的時候，不要馬上掉進愛情裡，而要認清楚這段感情的真正模樣，觀察事態的進展，聆聽別人的想法，並判斷這段感情夠不夠健康，自己該不該斬斷情絲。

說到要有接受勸告的雅量，必須先具備成熟的性格，也需要信任別人。成熟的個性與對別人的信任，都需要時間來培養，並非一蹴可幾。在追求夢想的同時，也要採取一些做法來讓自己處於自在的狀態。首先，要確定我們沒有為別人付出過多，以致於沒有時間照顧自己。唯有先把自己的健康照顧好，才談得上追求夢想。其次，要找到方法來讓自己維持平靜，特別是在必須面對許多刺耳批評、難堪現實的時候，更要做到用平常心來面對。

包括冥想、運動、聽音樂，或任何形式的藝術活動，都可以帶來一段愉快的時光，暫時不再惦記著眼前的處境。凡是能帶來笑聲的事物，對於9數人來說都有絕佳效果。此外，義工或志工之類的服務工作，是特別適合9數人使用的獨特放鬆方式；義務服務可以讓他們心情愉快，在幫助兒童、病患、窮人的時候又特別有效果。

學習人生課題之後

阿特米絲的塑像總把她描繪成準備發揮力量的模樣：希臘式的阿特米絲神像，手上會握著一副弓箭，這是她用來瞄準獵物、展現威力的武器。所以，學習到人生功課的9數人，就有機會運用阿特米絲的強大武器和精準技術，實現夢想。在一步一步逐漸朝著目標邁進的過程中，要花時間追求成長，用開放的心胸接受批評、變動與修正，即使那表示必須大幅調整自己的計畫。達成了夢想之後，還要繼續質疑、鑽研、成長，因為9數人必須進一步確認這個夢想確實是他們真正想要的夢想，可不要像阿特米絲那樣，意外殺死愛人啊！

緩慢朝目標前進、積極確認一切努力有其價值，這種態度是好的，因為9數人習慣於做大夢，可是他們總是朝向比夢想小得多的靶子射擊。假如能把腳步放慢，9數人會發現目標實在太小，這時就還有時間可以把目標擴大，把規模拉大，訴諸公眾的層次而不是僅僅關注一己。9數人只要能領悟到，在所有成功的背後有各種錯綜複雜的性質，那麼他們不論是談感情或拼事業都能有所成就，最後也許還能使得許多人的生活更上一層樓。由於9數人的心很大，想法很遠，有時候甚至會把整個國家甚至全世界都納入夢想之中。

善用9數的力量

9數的力量，主要在於針對未來選擇正確的瞄準方向，為人生設定恰當的目標。阿特米絲的弓箭威力強大，可以用來命中我們所選擇的任何標靶，所以就要審慎選擇標靶。俗話說，許願的時候要小心，因為我們所許的願望或許會實現。9數力量所帶來的熱情與濃度可以創造奇蹟，實現不可能的任務，讓美夢成真；我們需要的只是小心做夢。

想要把注意力集中在夢想上面，最好的方法是運用阿特米絲的另一個特質：慈善，這是指以不計較個人得失的態度來對人付出、提供幫助。一個人能對別人付出多少，往往反過來決定了他能接受到多少，有多少實現夢想的能耐。生命中有很多時候，耳畔會響起聲音，呼喚我們要不在乎一己利益而去對別人付出、去服務他人。在家庭裡，家人之間的感情深淺，往往要視我們展現出多少忠誠、可以取得多少的倚賴和信任而定，而這些都是一輩子的施與受的結果。如果我們只一個勁兒接收與索討，就不能指望別人在我們落難而亟需援助的時候願意幫多少忙。

假設有個家庭裡的爺爺老了，無法自己照顧自己，一家人商量著該怎麼處理這個情形。兒女決定送他去一個離家很遠的養老院。於是把家人找齊，宣布這個決定。爺爺一聽，眼淚漣漣，這時有個孫輩抬起頭來說：「記住，你們怎麼對待爺爺，以後我們就怎麼對待你們！」這個故事很可以說明9數力量的重要。沒有人生來應該孤單；誰都會遇到困難，都有需要別人幫助的時候。我們必須交幾個好朋友，與幾個自己願意信任的人培養長久的情誼，唯有透過9數的力量，我們才有辦法做到這一點。

9數的力量還有一個重要的應用之道。不管我們取得多麼飛黃騰達的成就，假如忘記自己當初是從什麼處境一路走來，那麼我們將永遠無法享有真正的快樂。我們絕對不能忘了那些比我們更不幸的人。從口袋裡掏出錢來捐獻吧！付出時間幫助需要幫助的人吧！或是到那些我們相信確實能促進眾人生活品質的組織去貢獻一己之力吧！

許多超級大富翁正是用捐款、興建醫院或圖書館、設立獎學金和基金會等方式來回饋社會。當然，有些富豪這麼做恐怕是為了節稅，假如是這樣，那可就是他們的損失了。施比受更有福。幫助真正需要幫助的人，而對方為此心懷感謝，這個付出的動作本身以及得到感謝時的快樂，什麼事情都比不上，那是一種能夠讓人覺得自己有價值的喜悅感。這種快樂喜悅可以拋開一切的憂鬱沮喪，讓人獲得繼續拚鬥與嘗試的能量，繼續把世界變得更美好。

9數的神射本領可以讓人眼光放遠，對準長遠的目標或夢想；再把這份瞄準的本領與阿特米絲的慈心善意結合，照顧受苦者，這樣才可以讓人在得到成功的同時，也對自己的生命產生滿足感。假如沒有結合這兩種特質，將永遠無法滿足於自己所擁有的一切，就算賺了錢也會覺得貧瘠，就算身邊有人相伴也會覺得孤單，就算身強體壯也會覺得病懨懨。

生活提示

如果缺乏9數的能量，曾經試著使用方法在生活中導入這種能量，應該會發現它不容易長久維持；過一陣子就回到了原來的狀態。

想維持9數能量有個好方法，可以使用各種有阿特米絲的圖案和象徵9數能量的物件。例如：穿戴白色衣物；蒐集印有阿特米絲圖像的T恤、杯子、海報；或著戴上象徵阿特米絲的配件飾品。代表阿特米絲的符號標誌，包括月亮、弓箭、樹木與森林、河川溪流、熊和兔子。

宙斯賜給阿特米絲在野地裡生活的自由，她十分享受離群索居與施展箭術的快樂。有一個方法可以記得阿特米絲的力量，那就是想辦法用一種**更貼近大地**的方式過日子。多走路，少開車，少搭乘其他交通工具。另一個法子是使用大一點的提包或背包，可以放得下一雙代表阿特米絲的慢跑鞋。這樣就可以穿著慢跑鞋舒舒服服走路上班，進辦公室後再換上其他適合的鞋子。

還有其他方法也可以貼近大自然，提示9數的力量：

- 每天集中心神注視月亮。

- 穿上天然材質的服飾，例如棉、羊毛、亞麻等。
- 盡可能早一點就寢，最好是在太陽下山以後就睡覺，這可是住在大自然裡的人就寢的時間呢。
- 多找機會在戶外入睡，或是在夜裡把窗戶打開。
- 離開城市，去一個可以看見星空的地方，花點時間仔細觀賞老祖先每天晚上都會看到的事物。
- 閒暇時到海邊或公園散步，而且要赤足行走。
- 養成健行或登山的嗜好。
- 養成從事射箭運動的嗜好。
- 來一趟露營式的旅行，而且要住在帳篷裡。

阿特米絲既然是月神，這就代表要重視**照明設備**。家裡的照明情形會不會太亮或太暗？照明設備的亮度應該讓人覺得放鬆而舒適，像是夜裡待在戶外，沐浴在滿月的光輝之下。拆掉頭頂上的螢光燈吧，換上柔和的光源，以間接照明設備最佳。

此外，還有一個更具威力的方法可以提示9數的力量。那就是**從事義務的服務**。很多醫院都需要志工，有些學校、退休養老機構也都需要。如果沒有時間參與義務性質的社會服務工作，那就不妨記住幾個笑話，花點心思讓身邊的人大笑，或至少露出微笑也好。用自己的方式讓別人開懷大笑，不失為一種直接運用9數力量的法子；笑聲可以解決紛爭、凝聚人心、帶走痛苦與負面情緒、抵抗壓力，對身體病痛也有實際療效。

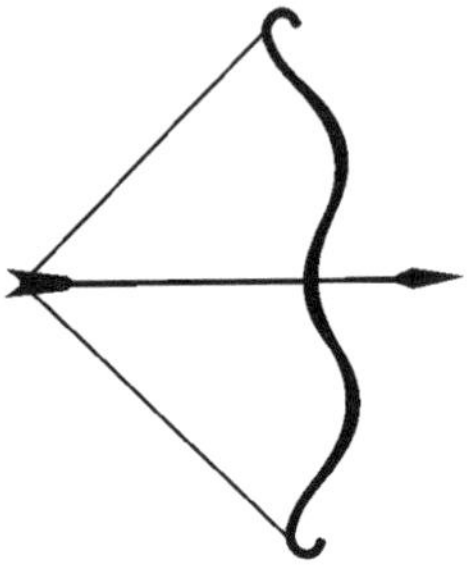

阿特米絲的象徵物：弓箭

阿特米絲／9 數在人身上的作用

行為舉止：樂於助人．精力充沛．樂天．面帶微笑
體型：中等體型，略帶運動員體型
說話風格：負責．靈活．風趣
衣著類型：敢穿．適度性感．
舒適雅緻．頗具格調

與阿特米絲／9 數相關的事物

幸運色：白色
身體部位：頭部．肺部．大腦
星座：射手座

10

Poseidon

波賽頓

波賽頓是海、水、雨、雲之神。他也掌管大地的活動，所以一般認爲地震是他製造出來的。有趣的是，馬匹也被認爲是他的傑作。

在古希臘人眼裡，氣候、海浪和地震是如此難以預測，實在是神祕的事物。希臘人看到，水手出航時的大海還風平浪靜，轉瞬間就可以浪濤洶湧，把船隻吞噬。希臘人一定是因爲看到了海洋和環境變化不息，所以聯想到人類的情緒起伏，因此把海神波賽頓描述成一個情緒敏感、脾氣陰晴不定、善妒、易怒又愛使用暴力的神，是個讓人聞之色變的角色。古希臘人爲了安撫波賽頓，在出海前都要祭拜奉獻，也特別在海邊爲他興建神廟。

古希臘最重要的港口之一是皮雷埃夫斯（Piraeus），這個港是雅典通往愛琴海諸島、土耳其、賽普勒斯、埃及、中東等地的出入口。當船隻朝向雅典而去時，必須在幾哩外就開始沿著海岸線尋找雅典入口，常常有導航問題，顯然很多船隻也因此迷航。有鑑於此，他們便在沙羅尼克灣（Saronic Gulf）灣口，俯望愛琴海的蘇尼恩岬（Sounion Cape）上，興建一座波賽頓神廟。此後船隻航行接近雅典的時候，從遠遠的外海就能看這座神廟，也就找到了往雅典的方向。

此外，這座波賽頓神廟也是愛琴海（Aegean Sea）名稱的由來。根據傳說，數千年前的雅典王埃勾斯（Aegeus），當時統治雅典的是克里特島的米諾斯王朝。這位國王有個養子名叫米諾陶洛斯（Minotaur），長相奇怪，是個半人半牛的怪獸，以人肉為食。

至於米諾陶洛斯的生父是誰，有兩種不同的神話說法。第一種說法是宙斯看上了米諾斯王的妻子，化身為一隻野牛並施下咒語，使得米諾斯的妻子愛上他，並和他發生關係，因此生下了米諾陶洛斯。另一個說法是米諾斯宣稱他的統治權獲得了眾神支持，於是向波賽頓要求贈禮。波賽頓很慷慨，把自己最棒的一頭牛送給了米諾斯。米諾斯本來應該把牛做為奉獻的牲禮，但他竟然占為己有。波賽頓大怒，安排愛神阿芙洛黛特前去讓米諾斯的妻子愛上那頭牛並與它交歡，結果便生出了一頭半人半牛的怪獸。

米諾陶洛斯是天神之子，米諾斯不能隨便殺他，怕招來報復。因此米諾斯把米諾陶洛斯鎖在一座迷宮狀的宮殿裡，讓他逃不出迷宮。但總得餵食這個嗜食人肉的米諾陶洛斯。於是克里特島人到雅典搜刮年輕俊美的男女，把他們帶回無法脫逃的迷宮讓米諾陶洛斯大快朵頤。

雅典國王的兒子忒修斯（Theseus）認為不能再這樣殺害無辜男女，便懇求父親同意他前往克里特島，他將使用金線當作記號，通過迷宮，殺了米諾陶洛斯之後再循著以金線標示的原路出來。一開始他父親不答應，因為從來沒有人能從迷宮生還。最後國王不得不讓步，但是提出一項要求：載送雅典年輕人到克里特島送死的船，使用的是黑色的帆，所以雅典王要兒子在殺了米諾陶洛斯之後，把船帆換成白色，代表他還活著。然後雅典王便到蘇尼恩岬的波賽頓神廟等待兒子歸來。

忒修斯贏得了克里特公主阿里阿德涅（Adriadne，米諾陶洛斯的同母異父妹妹）的好感，得到公主協助，幫助他在殺了米諾陶洛斯之後順利脫逃。特修斯在回程的船上大肆慶祝，喝得爛醉，忘了把黑色的帆換成白色。雅典王好不容易看到兒子的船隻駛回，但看到的是黑色的帆，傷慟不已，竟縱身跳下神廟前的海，魂歸西天。從此之後，這片海就改名為愛琴海。（這個故事給了我們一個教訓：酒後不開船！）

波賽頓的神話

波賽頓的命運有個悲慘的開端。他父親克羅諾斯（Cronos）聽到別人警告他說，他將會生出一個兒子來篡他的位，成為眾神的新領導者。克羅諾斯為了不讓這件事發生，便在孩子一出世就吃掉他們。他就這樣吞食了包括波賽頓在內的孩子，吃下第五個之後，他妻子瑞亞（Rhea）忍無可忍，到了第六個小孩宙斯出生時，她用毯子包了一個石塊給克羅諾斯吃下，然後立刻把宙斯送走。

宙斯成長後返鄉，設計讓父親服用毒性輕微的毒藥催吐，救出波賽頓和另外四個手足：希拉、蒂美特、赫絲蒂雅（Hestia）和黑帝斯（Hades）。宙斯與波賽頓和黑帝斯等兩個哥哥合作，領軍對抗克羅諾斯及其他的泰坦巨人，他們並取得單眼巨人和百手怪獸相助，大獲全勝。戰後兄弟幾人抽籤決定該由誰領導新的王國，結果波賽頓成為海神，黑帝斯為冥界之神，宙斯則成為天神，而最後終於成為眾神的領袖。

波賽頓是個非常獨立的神。成為海神之後，他在靠近雅典的海底下蓋了一個宮殿，而不與其他神祇同住在奧林帕斯山裡。波賽頓的海水滋長了植物，所以也以豐沃之神而聞名；他也成為了大地女神的丈夫，但波賽頓似乎不想就此安分。

神話中有許多情節都講到了波賽頓強暴女子和女神的故事。他曾經企圖強暴女神蒂美特，雖然蒂美特把自己變成一匹馬，混進一群野馬裡，卻還是被也變身為馬的波賽頓強暴了。蒂美特因此生下了兩個孩子，分別是美麗的仙女黛波艾娜和一匹駿馬阿里翁（Areion）。波賽頓常與馬聯想在一起，也許就是因為蒂美特所生下的這個馬孩子。波賽頓也想要強暴女神雅典娜，雅典娜幸好夠強壯，沒讓他得逞，不過他的精液滴到了雅典娜的大腿上。雅典娜把精液拍落到地上，卻也就這樣生下一個小孩，而她也為這個小孩找到一個稱職的寄養家庭。

波賽頓的熱情，人盡皆知。他的熱情不但驅使他去強暴女子，也帶給他暴烈的壞脾氣。強暴雅典娜未遂，他惱羞成怒，想要羞辱雅典娜，因此找來願意配合的美女梅杜莎，兩人在雅典娜神廟的殿堂上翻雲覆雨。這種褻瀆的作為激怒了雅典娜，於是她把梅杜莎變成一頭可怕而醜陋的怪物，頭髮全部變成蛇，誰要是盯著她看，都會變成石像。波賽頓和梅杜莎的結合製造了兩個子嗣，一個是名叫克律薩俄耳（Chrysaor）的有翼巨人，以及一匹叫做珀伽索斯（Pegasus）的有翅膀駿馬，後來為宙斯扛負雷杖供他差遣。（這又是一樁波賽頓和馬的關係）。

波賽頓的熱情也有好的一面，譬如他慷慨送給了米諾斯王一頭最棒的牛；可是他如果沒有受到尊重，就會馬上變臉——譬如米諾斯王沒有照著波賽頓的意思把這頭牛作為祭祀的牲禮，於是生出了個會吃人的米諾陶洛斯。

波賽頓從來不會三思而後行。他和代表1數的戰神阿瑞斯一樣，個性直率，知道自己愛的是誰，並且忠於所愛。他所愛的人假如惹了禍，他絕對會極力捍衛。當阿瑞斯為了報復女兒遭到強暴而殺了波賽頓的兒子，波賽頓就把阿瑞斯帶到眾神面前受審，不過他最後輸了這場控訴。還有，英雄尤里西斯(Odysseus／Ulysses)遭到單眼怪獸攻擊，船隻被摧毀，幾個手下遇害。聰明的尤里西斯想出方法弄瞎了怪獸，然後逃脫。波賽頓誓言報復尤里西斯，導致尤里西斯的下半生境遇悲慘。

波賽頓的魯莽和不經思索的舉動可真不少。最出名的一次，莫過於他指揮眾神推翻宙斯的那件事。波賽頓差一點成功，但在最後一刻他與眾神爭執該由誰繼任新的統治者，這時宙斯趁勢逃脫。後來宙斯處罰波賽頓必須和阿波羅一起做苦力，建造特洛伊城的城牆。

波賽頓只是喜歡做自己，別的他都沒興趣。他即使在與人競賽的時候也不想訴諸伎倆或多做計畫。當雅典娜前來挑戰，想要爭取阿提卡（後來稱作雅典）的控制權，每一個對此有興趣的神祇都必須提供城中居民一項特別的東西，讓人民選擇要接受誰的統治。波賽頓把他的三叉戟朝向雅典衛城的石塊上重重一擲，噴灑出帶有鹽分的水。雅典娜則製造了橄欖樹。身為海神的波賽頓只不過給出了他本來就擁有的東西，但那些都比不過智慧女神雅典娜的賜予。波賽頓與天后希拉在阿戈斯（Argos）的那次競爭，以及與宙斯和酒神戴奧尼索斯的競賽，也都以類似的方式落敗

在幾次嘗試把疆域拓展至陸地的企圖宣告失敗，還和男人發生過幾次關係之後，賽頓愛上了小小女海神安菲特里（Amphitrite），娶她為妻，安定下來。他們的孩子成為波賽頓

的助手。雖然他對妻子並不完全忠實，但畢竟扛起了照顧與保護家人的責任。

波賽頓與10數的關係

波賽頓的個性很像代表1數的戰神阿瑞斯，兩人都很獨立、積極、熱情、思考單純，認為事情非黑即白，會忠於所愛，並且展現出領導者的特質。兩人也都具備強烈的男性特質，也就是果斷、勇於爭取自己想要的東西、無所畏懼、捍衛自己立場。

這些特質在阿瑞斯那章談到數字1的時候已充分說明。不過，波賽頓和阿瑞斯有一些重大的差異。最大的差別在於波賽頓擁有自己的王國，但阿瑞斯沒有。波賽頓是統治者，對眾人有領導之責，不能只做自己高興的事。然而阿瑞斯比較不控制自己，比較任性而為。

10數人的個性獨立、直接而率真，具有領導者的本能，並且因為思考單純而可以迅速做決定——這可以是偉大的源頭，但也可能是麻煩的開始。他們簡單的思考方式可以很戲劇性又情緒化，會根據對自己有利的程度而誇大一件小事的危險程度，或低估大問題的危險性。這種戲劇化的效果很容易操控論點，並用訴諸情緒的說服手法來打動別人，可以成為絕佳的銷售技巧，不過只對其他想法單純或情緒型的人有效；如果遇到了雅典娜7數、阿波羅6數或其他有分析能力的人，他們很快就會看出10數人的破綻，而這通常也會使得10數人很沮喪。

10數人希望別人可以敏感對待他們，但這種期待似乎有點自私，因為他們對別人的感受並不夠敏感。10數人可以展現出十足的自信模樣，想成為眾人的焦點，即使尚未贏得領導者的地位也期待能被視為領導者。他們不接受逼迫，要求別人聽他的話並尊重他，也要求別人用平起平坐的方式或者尊敬的方式對待他。然而，他們這種過度表現自信的傾向，卻可能是為了彌補內心深處的缺乏自信。真正有自信的人不需要像10數人一樣拚命向別人證明自己。

這些特質在阿瑞斯1數的個性中也可以看到。不過，10數人並不甘於只活在自己的世界裡，他們還想成為領導者，擁有權力。但不管他們多麼渴望地位，一旦得到之後，往往發現權力不過如此，因此行為模式會越來越像1數人。

10數人比較適合簡單的生活形態，也就是那種不需要介入複雜的人際角力、不需要冒著風險去盲目信任他人的生活。擔任領袖角色通常帶來沉重的壓力，10數人也許可以擔任領導角色一段時間，但最後總會決定要過簡單的生活，比方說自己創業做小生意，或者如果財力許可，則會搬到小島上過著魯賓遜一般的生活。

摩羯座與波賽頓

摩羯座的象徵圖案是山羊，但在古代的圖案是一頭在海上活動的半羊半魚生物。摩羯座素來以固執的個性出名，很在乎別人對他們的看法與評價，個性實際、情感熱烈，有時候顯得只看重表面價值。

海神波賽頓的一生，清楚說明了摩羯座的特質。波賽頓是天神宙斯的哥哥，照理說他應該要與宙斯分享權力才對，然而宙斯並沒有釋出權力，而波賽頓一輩子在向別人證明自己本應享有那個權位，有時候會以粗魯的方式表現出這一點。不過，隨著他年齡漸長，他終於學會了接受命運，逐漸變成一個心地善良的神祇。

這種個性很像摩羯座的人，摩羯座的人年輕時的個性通常很有稜有角，要等到老了以後才會漸漸變柔軟。

愛情模式

波賽頓的愛情生活一點都不平淡，他不但強暴過女神，也與多位女神和凡間女子發生過關係。但他並不就此滿足，還是渴望找到一個皇后。有一天他邂逅了有特殊好感的女海神安菲特里。他以一貫的莽撞姿態追求她，但把安菲特里嚇跑了。也許是因為知道他的花花公子名聲，安菲特里不想讓自己也落得和其他女子一樣的心碎下場。波賽頓到處找她，卻遍尋不著，十分難過。

波賽頓的海豚朋友主動來協助，幫忙找到了安菲特里，向她解釋波賽頓其實已經改頭換面，他是真心愛她，也想娶她為妻。海豚把安菲特里帶回來與波賽頓成親，成為海神的皇后，兩人也過著快樂的日子。然而，結婚一陣子之後波賽頓故態復萌，再度偷腥。安菲特里沒有與他離婚，但她變得跟希拉一樣，到處追著波賽頓的戀愛對象，不過她也沒有責罵波賽頓。

10數人通常很有魅力，或者具有獨特的個性可以引人注意。他們直接而積極的態度，使得他們只要找到合適的伴侶就很容易與對方發生關係。不過，他們在內心深處卻渴望能找到真愛，安定下來。1數的人則截然不同，他們希望保持事情單純，跟所愛的人在一起就好，如果事情不盡如人意，就瀟灑離去。

10數人遇到情人要分手或配偶提出要離婚的時候，會顯得比1數人更固執。不管這段關係多麼不愉快，他們通常還是會頑固死守，不願意離婚或分手。很不容易理解為什麼他們會這樣，特別是想到10數人平時總是在愛情裡裝酷，擺出一副願意當愛人是給對方恩惠的模樣，要對方好好對待他，否則兩人就算了。然而，一旦關係確認之後，他們就會像2數人那樣黏人，不輕易放棄愛情，不過他們比較不會公開顯露黏人的樣子。他們喜歡耍點技倆，用譬如分隔兩地、搬家之類的手法來讓情人陷入相思之苦，期盼他們早日歸來，這就讓10數人可以重新掌握權力。

人生課題

10數人在本性裡就懂得領導，彷彿生下來就要當領導者，然而他們往往沒有學會如何善用這種本能。他們通常是直接說出自己想要什麼，並等著抓取他們所想要的事物，並不真心在乎別人怎麼想。這種態度對他們自己很好，但看在別人眼裡會覺得他們太自私，很少有人能承受。10數人的人生課題是學習如何成為一位優秀的領導者。波賽頓的弟弟宙斯原本也是個自私狂傲、控制欲強烈的領導者，但在波賽頓帶頭叛變之後，才轉變成一個古道熱腸而又敏銳善感的神，可以吸引別人追隨。

優秀的領導者不會希望別人把他們當皇帝一樣盲目跟從，亦步亦趨，而是會找出方法讓別人打從心裡願意追隨。10數人需要學著柔軟一點，讓自己更敏感一點，想辦法了解別人的夢想與慾望；一旦知道了別人的內心，10數人便可以用他們天生的戲劇化方式來打動別人，說明其實大家的目標一致，方向也相同。如此一來將可以贏得別人的信任，讓追隨者相信領導人與他們站在同一陣線；贏得了眾人足夠堅定的信任之後，10數人就可以指出一個方向或是一個想法，大家都會追隨。

亞歷山大大帝就是用這種領導方式統一了希臘，達到前所未有的成就。原本希臘的每一個城市都是各自獨立的城邦，彼此之間征戰已久。能言善道的亞歷山大大帝向各城邦解釋：希臘人真正的威脅不在於彼此，而在於波斯王國和其他的外來威脅；唯有全希臘人團結，一起征服世界，才能避免歷史重演，使得波斯王國有機會再次入侵希臘，差一點把希臘納入波斯王國的版圖。

想知道別人的需求是什麼，意味著至少有一段時間要放棄自己的需求與渴望，多多付出，與他人分享，不計個人利益。這經常也代表著必須承擔更多責任、接受更多責難、咬著牙辛勞努力，在一段時間裡會是給出的多、得到的少。可是，如果能夠把這種「投資」做得好，別人最後終究會相信10數人關心別人多過在乎自己，也才會期待能由10數人來領導。這時候，10數人就有機會展現他們天生的領導才能，成為了真正的領導者，而不是暴君。反之，10數人如果不學習這個關於領導的課題，可能會一輩子活在沒有人愛的挫敗感之中，孤寂終老。

學習人生課題之後

波賽頓的武器是三叉戟，就像漁夫所用的有三個尖刺的長矛。這項武器很管用，可以在水中有效命中目標。在水中看到獵物的距離通常都比實際位置遠，三叉戟這個絕佳的武器不管是否在瞄準目標時略有偏差，還是可以刺中獵物。學會這些課題的10數人，基本上都有能力運用這些力量。

10數人很自然就能認清自己想要的事物，但是會因為沒學會人生課題而太直接追求目標，使得別人覺得他們太過自私，或反應過度而功虧一簣。透過學習這些課題，10數人可以學會妥協，對他人更為敏感。換句話說，也就是不再莽撞追求自己的慾望，但依然可以達到目標。就像波賽頓的武器三叉戟可以在瞄準略有誤差的情況下抓到魚。10數人可以改用較不具壓迫性的、間接而略為緩和的方式，讓他人更能接受自己。

善用10數的威力

我們經常需要用到10數的力量，讓我們變得自私一點，可以在與他人相處時把自己的需求列入考量，但仍能以他人可以接受的方式表達。使用波賽頓的武器可以達到自己的目標，同時在擴展焦點時仍能符合結果。有時這種激進的行動可能會讓周圍的人離我們而去，但是至少可以讓我們看見誰是真正的朋友，這樣的力量也給了我們向前的勇氣。

對於個人生活來說，能用直接卻不使對方感到受威脅的方式表達自己的需求，將可以建立起自己滿意的生活；但是如果對方還是不願配合，我們可以帶著獨立的精神離去，重新過生活。而在職場上，能不能直接果斷、獨立作業、展現領導能力，則代表著成功與失敗的分野。現在有各式可以提供領導能力的訓練課程，有些課程的價格確實昂貴，但許多人還是趨之若鶩，原因就在於他們知道，領導能力是打造夢想生活的要件。

發展10數直接的思考風格還有個額外的好處：它有助於找到獨特的新點子。有了想法並且希望可以獨樹一格時，就要想辦法來吸引注意力，而無論是要強調重點或提出新計畫，都可以運用10數的力量。10數力量有助於簡化與釐清，也會讓人知道如何修正原始概念，使它既維持原來的獨特性，又能更簡明易懂、容易接受。

生活提示

如果缺乏10數的能量，曾經試著使用方法在生活中導入這種能量，應該會發現它不容易長久維持；過一陣子就回到了原來的狀態。

想維持10數能量有個好方法，可以使用各種有波賽頓的圖案和象徵10數能量的物件。例如：穿戴海軍藍色的衣物；蒐集印有波賽頓圖像的T恤、杯子、海報；或者戴上象徵波賽頓的配件飾品。代表波賽頓的符號標誌，包括漁夫用的三叉戟、馬或者是飛馬、船隻、魚、海豚和海中生物。

有個有趣方法可以提示10數能量，那就是在家裡或辦公室放個**水族箱**。淡水的水族箱價格比較便宜，容易操作，而海水的水族箱則可以容納比較多種魚類。看著這個「波賽頓水族箱」的時候，想一想自己的潛力，這方法可以培養獨立精神和領導氣質。

此外還有個健康的方法，就是留心自己**每天喝的水量**。大部分人每天攝取的水分都不夠，卻喝下過多的含糖飲料、茶和咖啡。如果可以養成習慣，每次喝一杯水的時候就當作是在攝取10數的力量，就可以在緊張、需要捍衛自己、獨立行動或堅持立場的時候，為自己打一劑強心針。**多食用海鮮**也有類似的效果，因為魚類含有健康的脂肪，可以讓人體保持年輕，加強免疫系統，增進健康。在出席重要會議之前，若想獲得心理上的鼓舞，就先去吃頓海鮮大餐，當然還要記得喝水！

人人都需要運動，海神也一樣。波賽頓提供了最好的運動：游泳。這也是很好的10數力量。游泳是很棒的運動，但很少人知道不是所有的游泳姿勢都健康。大多數人游泳時採取臉部朝下的姿勢，但這會使身體前方的肌肉緊繃；而大部分的人在工作或坐著時，頭也都會向前低下，肩膀往內縮，結果形成垂頭喪氣的姿勢，這也造成頸部和背部緊繃疼痛。臉部朝下的游泳方式會使原先就可能存在的緊繃更加惡化，使得身體前方已經縮短的肌肉變得更短。對新手來說，最佳的游泳方法是仰式。仰式可以拉長背部的肌肉，延展身體前方的肌肉，幫助矯正姿勢不良的問題。

喚醒10數力量的其他有趣方法還包括：搭火車、享受海景、搭船、聆聽以海洋和水聲為主題的新世紀音樂。此外，既然波賽頓也是馬神，所以騎馬也是好方法。

波賽頓的象徵物：三叉戟

波賽頓／ 10 數在人身上的作用

行為舉止：友善・嚴肅・積極
體型：強壯・略帶點運動身形
說話風格：專注・直接・戲劇性
衣著類型：獨特・不隨波逐流・體面

與波賽頓／ 10 數相關的事物

幸運色：海軍藍
身體部位：血液・尿道・唾液腺・荷爾蒙・
腦部掌管情緒的區域
星座：摩羯座

11

Zeus

宙斯

宙斯在奧林帕斯山管理眾神，他是閃電之神。他和他兄弟波賽頓都被認爲是雲雨的神，因此也是賦予萬物生命的神。

從與宙斯有關的神話來看，他其實有能力毀滅其他所有的神，根本不必去當什麼眾神的統治者，他自己就可以獨霸天下。不過他沒有這樣做，還是願意與其他神祇分享權力。這種以推選方式產生統治者、而統治者與受治者共享權力的制度，不曾在基督教、猶太教或伊斯蘭教等一神教當中出現。宙斯願意把眾神留在身邊，這說明了希臘人很尊重每一個個體、發展個人才能、允許個人以不同於他人的獨特方式存在，而這些對於整體是有益處的。但也說不定，這是因爲連神明也會寂寞，也需要有人作伴吧！

宙斯一向鼓勵眾神發揮個人長才。例如與庶務和溝通相關的問題，他會請荷米斯協助；遇到建築的事物就讓赫菲斯托斯負責；有關治療、算命與音樂的事，就找阿波羅來幫忙。他用這種方式讓每一個神都覺得受到尊重，覺得自己是眾神家族裡不可或缺的人物，而宙斯自己也得到眾神的尊重，並且讓他更勝任眾神的領導者。

此外，宙斯也展現出耐心和慈悲。譬如，波賽頓想推翻他而自立爲眾神的新領袖卻不成功，這時宙斯本有足夠的權力把波賽頓毀掉，並勒令其他的神也聽命行事，不過宙斯控制住這股想要毀滅的念頭，只罰波賽頓苦役，找他來深談。宙斯同時也願意談判，試圖找出妥協之道，有時也願意承認自己錯了，他願意改變。宙斯這種結合了人道、思考、慈悲心、領導能力和權力的整體性格，在希臘人眼中深具魅力，贏得了大規模崇拜。

希臘家家户户設有神龕祭拜宙斯，大家相信宙斯是家的守護者；宙斯也是城市的守護神，所以也在山頂上設立宙斯神廟。

位於奧林匹亞的宙斯神廟名列世界七大奇景之一，樹立了一座壯觀的宙斯雕像，堪稱希臘最宏偉的藝術作品：昂然的雕像高達四十英呎，以黃金和象牙塑造出坐姿的宙斯。神廟的十三個碩大立柱和六個橫柱，體積比其他同期的神廟石柱大一倍，令人印象深刻。

奧林匹克競技賽最初是為了尊崇宙斯所舉辦，很快就成為雅典最重要的競賽，參加人數超過四萬人，在競賽舉辦期間，所有戰爭都必須停火。根據史書記載，奧林匹克競賽從西元前七七六年到西元前三九三年之間持續舉辦，直到羅馬帝國的狄奧多西一世（Theodosius I）讓羅馬改信基督教才廢止。這座宙斯神廟在西元四二六年被狄奧多西二世摧毀，而雕像則移到君士坦丁堡（現在的伊斯坦堡），最後在西元四七五年的一場大火中被燒得灰飛煙滅。

後來奧林匹克競技賽得以重新舉辦，這說明了宙斯在現代世界裡依舊很有影響力——

這麼說是有根據的，因為「奧林匹克競技賽」的舉辦地點並不是在奧林匹亞，而是在伊利斯（Elis）的一處宗教聖地；然而在宙斯神廟蓋在這裡之後，便以他與眾神所住的「奧林帕斯山」作為名字，把這競賽稱為奧林匹克競技賽了。

這個競賽代表了宙斯的信念：人人平等，人人有機會成功。不管一個人多窮、出身多麼卑微，都能在這項競賽中與所有人站在同樣的立足點上爭取勝利。這種相信人類潛能的信念，正是宙斯奧林匹克的精神，它與現代觀念相似，而至今不改。後人把太陽系裡的最大行星木星以宙斯的羅馬名命名為朱庇特（Jupiter），也使得宙斯精神長存於現代的世界。

宙斯的神話

宙斯從出生那一刻起，就註定要成為領導者。他父親克羅諾斯領導的是奧林帕斯眾神出現之前的泰坦神。克羅諾斯聽到一個預言說他有一名子女將來會興起並篡位。克羅諾斯年輕時也是以武力取得他父親的領導地位，所以他不願意預言成真，想防範同樣的事情發生在他身上，於是克羅諾斯在孩子一出生時就把他們吞掉。到了第六個孩子宙斯出世，克羅諾斯的妻子瑞亞再也受不了，便給了克羅諾斯一個包著毯子的石塊，他沒有留意便吞了下去。瑞雅立刻把宙斯送到克里特島的狄克特山洞（Dicte Covo）。

宙斯長大後，決心要救出兄弟姊妹，並且摧毀他那暴君父親。他設計讓父親吃下催吐劑，這一吐，也吐出了已經成人的兄弟姊妹，希拉、蒂美特、波賽頓和黑帝斯。有兄弟們相助，宙斯開始計畫攻擊父親和當時統治奧林帕斯山與世界的泰坦神。

要不是因為宙斯生來就具備談判和組織眾人為共同目標奮戰的能力，這場戰爭也打不贏。宙斯很清楚，兄弟姊妹幾人以寡擊眾的勝算不高，便聯合泰坦人的宿敵，也就是囚禁在地獄裡的單眼怪獸和百手怪物，兩方協議，如果他們願意協助對抗泰坦神，宙斯就放他們自由。兩個怪獸同意配合並提供神力幫助宙斯擊敗敵人。

由於宙斯絕佳的談判能力，單眼怪獸給了他可以製造閃電的武器，他哥哥黑帝斯得到一頂可以隱形的頭盔，波賽頓則獲得三叉戟。有了這些武器，再加上兩個怪獸相助，宙斯等人獲得了勝利。但不死之神克羅諾斯不會死亡，所以只被關在地獄裡，後來逃到義大利重建名聲，被稱為薩坦（Saturn），成為收穫之神。這個名字後來成為太陽系裡的土星。

所有的泰坦神都俯首投降之後，三兄弟抽籤分配王國。宙斯成為天神，黑帝斯掌管冥界，而波賽頓則成為海神。

奧林帕斯山是希臘最高的山脈，山頂經常雲靄繚繞，是天地的交界點，所以希獵人相信這裡就是宙斯打造宮殿的地方，是奧林帕斯十二神聚會之處，大部分的神祇也住在這裡。宙斯在這裡掌管天庭，並且很快就用他強大的武器力量統領了三個王國，而他的兄弟也願意順從。

有了這樣的力量，宙斯可以為所欲為，成為了宇宙的帝王。他變得狂妄無比，誰要是惹他不高興，就會被他用他的武器「閃電」殺死，或者接受一些極端不合正義的處罰。譬如，泰坦神普羅米修斯把火的祕密告訴了人類，宙斯便把他永遠鎖在一個大岩石上，讓一隻大老鷹每天來啄食他的肝臟！

宙斯的自大傲慢與濫用權力終於惹惱了諸神，而海神波賽頓特別光火，他不甘心宙斯成為了超級統治者。波賽頓結合了新的神祇來共同征服宙斯，意欲奪取他的統治權。計謀展開，宙斯的妻子希拉給了他一顆安眠藥，讓他昏睡而放下武器。再用一百個繩結把宙斯綁在他的床上，諸神則討論該由誰接管，又該如何處理宙斯；但諸神起了爭執，宙斯趁機召喚老朋友百手怪獸趕來相助。百手怪獸同時解開了所有的結，讓宙斯在瞬間就脫逃了。宙斯抓起了武器，眾神也就放棄了叛變的企圖。

此時，宙斯大可閃電一揮，解決掉所有的神；但他沒有這樣做。他其實有一副慈悲心腸。聽到了希拉向他解釋為何眾神會企圖叛變，宙斯終於領悟到自己也許太過火了。於是他開始改變自己，試著對人體貼、發揮同情心，其他的神終於開始尊敬他，也願意追隨他。他動不動就發怒的脾氣逐漸和緩，開始用冷靜而睿智的方式處理那些違法的事情。至於波賽頓和阿波羅的叛變之舉，他只判他們做一年苦力去修築特洛伊城牆。希拉也逃過了重罰，保住她天后的地位！

接下來，宙斯審慎地從族人裡面挑選可以擔任奧林帕斯十二神的人選。他的王國在幾千年裡完好無缺，這是因為希臘的宗教也成為了羅馬的宗教，只不過把名字從希臘文改為拉丁文。羅馬人研究了宙斯的領導風格，把它運用在羅馬的帝國治理和政府制度中。羅馬的國王被人民視為活著的神，而國王允許由元老來代表人民，並與元老們互動。這種結合了一個全能帝王和一個民主體制政府的模式在羅馬運作順利，使羅馬帝國得以往外擴張，也能維持內部團結，這是波賽頓型的獨立希臘人所做不到的成就。

宙斯與11數的關係

宙斯的個性最適合用11數來形容：一個領導大師，具有善心也有絕佳領導技巧；走在時代前端；天生喜歡研究與分析事物，也有能力做出正確決策；是天生的策略家，群眾的整合者，也是天生的演員；性格極為獨立，但通常不表現在外，行為舉止倒比較像是依賴型的人。

11數人這種性格事實上是雙重性格。他們一方面很獨立、不在乎別人的感受、自私、頭腦單純、積極而有決斷力、為了成為領導者可以不計代價；但另一方面，他們顯現出另外一組性格，顯得依賴、敏感、具同情心、精於分析、被動、優柔寡斷、善於整合及組織人群。這種分裂的人格來自於11數可以相加成為2數。這表示11數人有時會變成2數人，也代表他們擁有許多可以互補的能力，假如能把兩組能力交互運用，便可以成為領導大師。一個偉大的領導者懂得如何整合群眾，讓眾人得到他們想要的東西，並對領導者表示愛戴及敬重，願意由他領導，最後領導他們走向更好的生活。

這種性格型態的人，內心深處當然有許多衝突。對11數人來說，平衡或整合自己內在各種差異，是很辛苦而困難的事。他們的反應通常會很極端，不是過度依賴，就是過度獨立，需要很長的時間慢慢走向成熟，才能真正發揮他們的優點。在與宙斯有關的神話中可看到，他的生命一開始是用消極被動的方式來面對，藏在洞穴裡仰賴羊隻維生。救出了兄弟姊妹之後，他開始運用個性中的領導能力。然而這種改變太過強烈，使得他難以平衡自我，於是開始出現個性中的負面特質，導致諸神企圖摧毀他。等到他逐漸成熟，終於找到

水瓶座與宙斯

水瓶座的象徵圖案是一個拿著水瓶的人，以此來代表水瓶座的善變性格，因為把水加進瓶子裡之後，負擔就會變重。

水瓶座的人可以活在自己的世界裡，也可以成為人道主義者、外交大使和領袖；他們可以冷酷自私，也可以溫暖而願意付出。

水瓶座的性格可以用宙斯的人生故事來說明。宙斯的性格原本是殘忍無情的，直到眾神結合起來企圖刺殺他並取代他的統治，宙斯這才領悟自己的錯誤，努力改變自己，成為一個強有力的領導者，公平對待所有人。

了讓兩組對立的個性和諧共存的方式。這時，他真正成為了領導者。

愛情模式

宙斯面對愛情的態度不同於十二神祇裡的另一個領導型神祇波賽頓；宙斯從來不強迫別人愛他，更不會強暴任何女子。宙斯喜歡的是誘惑女子，讓她們自願委身於他；他因為這樣而形成的愛情關係超過二十個，並因而生下許多子女，而且大部分是在他與希拉有婚姻的狀況下所生的私生子。宙斯可以說是一位愛情大師。這也可以說明受到宙斯影響的11數人的愛情模式。不過這不代表11數人都有很多情人，或是都會和不同的對象生下很多非婚生子女；這只代表他們喜歡談戀愛，享受愛情裡的親密、儀式、挑逗和誘惑的過程，也表示11數人很善於應付與人有關的課題。

宙斯與希拉的婚姻就是很好的例子。希拉一開始拒絕了宙斯，於是宙斯變身為一隻小鳥，還製造了一陣風暴，讓小鳥在水中濕透，一副奄奄一息的樣子。他飛進希拉的住所，引起她的同情，就在她把小鳥捧在胸前時，宙斯變回原形，向希拉求婚。婚禮之後渡過了三百年蜜月期，是有史以來最長的蜜月。這之後，宙斯的眼睛開始游移，挑逗並戀上別的女人。但他從沒有離開希拉，也對所有的子女照顧有加，有些子女並且當上奧林帕斯山的神。

11數人和2數人一樣喜歡談戀愛，但他們也喜歡獨處，重新充電，並且藉此測試情人愛戀他們的程度。這種分裂的性格有時會使得對方覺得11數人很冷酷，並懷疑自己有沒有被愛著，這時11數人便會解凍，試圖安撫一切，不過這種溫暖只會維持一段時間。

人生課題

11數人在領導別人之前，必須先主宰自己。他們需要在「依賴」這個課題上慢慢學習，學著協調自己內在的衝突。首先，11數人在年輕時特別依賴別人，直到有一天他們發現，自己所依賴的人變成了他們往前追求其他事物時的障礙。這時，他們會經歷一段痛苦的內心掙扎，不知道是該保持這樣的依存關係比較好，還是該就此放手才對。由於他們是依賴型的人，不容易下定決心，需要很長的時間才有能力做到放手往前走，有些11數人從來無法毅然決然做出這種決定，也就永遠無法變成領導者。

然而他們天生擁有領導能力和獨立性格，所以無法在依賴中獲得全部的滿足，遲早會渴望能過著獨立的生活，贏得別人尊重，甚至希望別人來找他們指點方向、尋求領導。一旦本性裡的這一面出現了，他們將會開始掙扎，難過到了極點，不知該不該放開這些他們已經相處很久的人或事，好完成自己出於本能所相信的等在未來的偉大命運。

在依賴這件事上經歷痛苦掙扎之後，11數人通常會決定要獨立，朝向他們性格裡的另一個極端前進。他們曾經依賴別人、遵循既有的想法、待在同一份工作裡，這時忽然有了一百八十度的大轉變，不再依賴任何人，有時身邊連一個親近的朋友也沒有。他們改變了對生活和事情的想法，甚至可能就此轉行。

他們進入這種超級獨立的生活模式之後，真的覺得比較快樂，許多11數人就這樣保持獨立模式，變成工作狂，與家人或情人相處的時間都很少。

然而，這樣的極端獨立會造成他們與人的關係變得不愉快，最後形成一種空虛的生活，變得與感情生活和人群都很疏離。於是他們遇上最後一道生命課題，也就是如何擁有自己需要的獨立程度，但又允許自己出現某種程度的依賴。在愛情關係中，這意味著一方面享受與愛人之間的親密，但不會過度沈溺在情緒裡；在工作上，要對投注在工作上的精力設下限度，而有時間與朋友和家人相處，也能發展新的興趣或想法。在宙斯身上可以看到，11數人可以在極端且雙重的個性中取得平衡，這也是值得一試的人生功課。

學習人生課題之後

學習11數的人生課題，彷彿是在想辦法取得宙斯那個閃電武器；事實上，這種學習也正是在蓄積爆發力，就像閃電是釋出了龐大的能量。領導大師宙斯的威力，也就是做決定的能力——這個說法可以用炸彈的製造過程來解釋：把所有必要的化學成分加以混合，然後分離，免得這些混合物在眼前爆炸，然後把化學物裝入盒中；一旦要用到這些炸藥時，不管是遇到了戰事，或是為了興建新建築而必須拆除舊建物，或是開鑿山洞時必須移除一小塊山，這時就可以把炸彈安置好，點燃引線，進行爆炸，解決問題！學習11數的人生課題，可以強化決策能力，變成領導大師。

領導大師的潛在威力很巨大，雖然可能有一點混亂——看看美國前總統柯林頓的例子就知道了。不過，只要稍加練習，就可以學會把自己的潛能當作祕密武器。可以隨自己高興去過想要的生活，但在事情不盡如人意時，請爆發吧！用閃電般的變化讓自己取得獨立和領導權，設定新方向，同時可以維繫自己與別人的關係，甚至贏得他們的尊重！

善用11數的威力

很多時候我們會覺得生活沒有走上自己想要的軌道，於是我們開始思考應該如何改善；我們發現自己必須做出一些決定造成別人不舒服或痛苦，而這裡面有些人可能已經跟我們相處了許多年。在這種情況下，11數的力量可以幫助我們找到恰當的妥協，讓我們有勇氣做出那些為生活找到新方向的決定。做決定只需要一個瞬間，就像閃電一樣震撼天地，而這決定可以改變人生！

處在領導位置上的人，可以藉由11數的力量來做到對別人的需求更為敏感，贏得信任。能做到敏感並得到信任，對方便會尊重我們，接受我們領導；而我們也就有能力在保持領導者地位的情況下協調出解決方案。這力量很適用於談判新合約、要求老闆加薪、用優惠條件購物、調解糾紛等各種狀況——在這些時候，11數的力量可以節省我們很多金錢和痛苦。

生活提示

如果缺乏11數的能量，曾經試著使用方法在生活中導入這種能量，應該會發現它不容易長久維持；過一陣子就回到了原來的狀態。

想維持11數能量有個好方法，可以使用各種有宙斯的圖案和象徵11數能量的物件。例如：穿戴金色加靛青色的衣物；蒐集印有宙斯圖像的T恤、杯子、海報；或者戴上象徵宙斯的配件飾品。代表宙斯的符號標誌，包括閃電、老鷹、黃金、皇冠和彩虹。

宙斯力量可以用個有趣的方法來取得，就是在遇到了**打雷閃電的下雨天**時，請好好享受它。不妨向公司請假，去一個能看到雨和閃電的咖啡廳坐，或甚至到一處有遮雨棚的戶外。最好是個安靜的地方，可以聽到打雷和其他大自然的聲音。聽到了雷聲，就提醒自己，內在早已具備這種力量，只要自己需要就能把它召喚出來，幫助自己做出決定，讓生活回到常軌。

宙斯和天有關，這表示任何在**天空中的事物**都與他有關。花一點時間看雲，想像雲朵像什麼形狀，想著自己要在人生裡完成什麼都不會有限制。也可以用類似方式來賞鳥，或者不妨養隻寵物鳥，觀察它敏捷的動作，聆聽它優美的聲音，這時就要記得必須先快速做出決定，才能享受甜美果實。

天空最主要的成分是空氣，因此**注意呼吸**也有助於培養11數的能量。注意呼吸是一種有助於專注的方法，可以培養做決定的能力。呼吸的產生，是因為腦細胞傳達到肺部，而肺部的感覺神經會再把訊息傳回腦裡控制意識思考的區域，因此呼吸會影響思考。

生氣時，呼吸會變急速；但看到海景或其他可以讓人放鬆的事物時，呼吸會變得緩慢且深沈。透過刻意放慢呼吸的速度，也就可以放鬆思維。感覺越是輕鬆，就越能集中思緒，可以看清事情，也因此可以更快做出決定。

下次需要做決定或放鬆時，試著深呼吸，憋氣十五秒之後，再吐氣約十秒。如此重複，慢慢吸氣、吐氣，吐氣時間越久越好。做了十次之後，會發現自己每分鐘的呼吸次數從十至十五次，減少為每分鐘兩次。如果在做決定之前刻意放慢呼吸，很快會發現事情沒有原先以為的那樣複雜，然後，把第一個浮出心上的想法當作自己的決定。

這種經過控制的緩慢呼吸是十分有力的抒壓工具。下次在遇到龐大的壓力時，播放輕柔的新世紀音樂，開始放慢呼吸。三十分鐘之後，會感到腦部的壓力感一掃而空，很可能會覺得想睡覺。失眠時就用這種方法，很快就會發現問題不見了。

宙斯的象徵物：閃電

宙斯／11 數在人身上的作用

行為舉止：對於別人說的事情保持興趣．溫暖而健談
體型：中等，或稍微嬌小
說話風格：像老朋友般熟稔．不具威脅性．感性
衣著類型：簡單精緻．平實．會佩戴獨特的小飾品

與宙斯／11 數相關的事物

幸運色：金色加靛青色．皇族的幸運色
身體部位：男性陰莖．女性陰部．脾臟
甲狀腺．腦部掌管邏輯的區域．神經系統
星座：水瓶座

12

Dionysus

戴奧尼索斯

在希臘十二神裡，**戴奧尼索斯**是最後一位躋身奧林帕斯山統治之神行列。他是酒、狂歡、慶典舞蹈、復活、秘教與生殖之神。他的故事在眾神當中最爲複雜也最是有趣。他一開始只具一半神性，是在被殺死又復活之後才成爲神。他的祭典很風行，並傳遍了希臘、羅馬和中東地區，就像其後幾個世紀基督教興起的狀況。

事實上戴奧尼索斯和基督教之間有其他的雷同之處：

耶穌是由人類的母親和天神的父親所生——戴奧尼索斯也是。

耶穌和戴奧尼索斯一樣，先離開出生地，後來又帶著教義回來傳教。

耶穌在遇害之後復活成神，而慶祝他復活的節日（復活節）是在冬末——戴奧尼索斯也一樣。

在紀念耶穌與戴奧尼索斯的死亡的儀典上，都以喝紅酒代表飲聖血，以吃麵包代表食用他們的聖體。

耶穌和戴奧尼索斯都會展現神蹟。

耶穌和戴奧尼索斯一樣展現出不朽的靈魂。

耶穌和戴奧尼索斯一樣慈悲爲懷，也以愛爲中心思想，只不過戴奧尼索斯的愛包括了肉體的愛。

基督教會以耶穌釘死在十字架上爲理由，鼓勵教徒殉教，並把暴力視爲合理的作爲。結果造成數百萬人死於十字軍東征、宗教審判、捕捉女巫等等情況，這就如同戴奧尼索斯儀式裡使用暴力並以人作爲犧牲。

基督教在歐洲興起之後，也開始慶祝兩項不屬於基督教的慶典：聖誕節和**嘉年華會**。這是個很有趣的巧合。根據《聖經》的紀載，最初的基督教徒並不慶祝耶穌的誕生，只在復活節期以吃麵包和喝紅酒的方式來紀念耶穌的聖血和聖體，慶祝他的死而復活。

而古希臘人每年也為戴奧尼索斯慶祝兩次，一次在十二月，稱為「小酒神節」，另一次在春季，稱為「大酒神節」；這兩個節期都會有儀式盛宴與飲酒的活動，眾人放鬆作樂，就像今日的復活節和聖誕節。戴奧尼索斯的慶典包括了許多聚會，這和今日的基督徒一樣。如果把全世界基督教國家所舉辦的嘉年華會和戴奧尼索斯神的慶祝活動做個對比，會發現兩者幾乎一樣。

「嘉年華會」的英文是「carnival」，這個字來自於拉丁文的「canni」，代表食肉，因為在戴奧尼索斯的慶典上會把羊隻等動物的肉撕開生食。在英文裡，嘉年華會還有另一個字，這字源自於戴奧尼索斯的羅馬名——巴庫斯（Bacchus）。在嘉年華會上，人人穿著狂野的服裝，狂舞猛飲，通常也會做出瘋狂的行為，就像在戴奧尼索斯的慶典上一樣。事實上，在希臘某些偏遠的村莊裡，在嘉年華會上會用戲劇方式重現戴奧尼索斯時代的生活，大家穿著動物皮，恣情飲酒，演出死亡和復活的戲劇。

戴奧尼索斯及其祭祀在希臘劇場上也扮演重要角色，一般都相信他是悲劇形式的起源。也因此，希臘的多數劇場都有戴奧尼索斯的雕像，把劇場獻給他。現在的人在電影或戲劇上看到了悲劇情節時，也就像以前在戴奧尼索斯祭祀上的體驗；而酒喝多的時候也就是演出了戴奧尼索斯的情節。

戴奧尼索斯的神話

戴奧尼索斯是眾神裡最特殊的一個。他的父親宙斯與泰坦女神西蜜麗維持了一段很長的外遇關係，但因為宙斯在她面前是以變身出現，所以西蜜麗並不知道自己的愛人是宙斯。而宙斯會這樣做是因為一旦洩露自己身分，西蜜麗就會當場死在他的閃電之下。後來西蜜麗懷孕了，宙斯的妻子希拉決定要制止這兩人的事，便以護士身分出現在西蜜麗面前，並逗引她對於情人的真實身分起疑。希拉教她要先讓宙斯發誓答應她一件事，然後要他說出真實身分。

西蜜麗見到宙斯，要他發誓會允諾她一個願望成真，宙斯答應了。西蜜麗這便要求宙斯吐露真實身分。宙斯想盡辦法推托，但最後為了信守誓言，別無選擇，說出了身分，而西蜜麗也立刻被殺——就在她倒下將死之際，宙斯叫荷米斯動手術把西蜜麗的胎兒取出，植到他自己的大腿上讓胎兒繼續孕育。

胎兒既已出世，希拉想殺了孩子了事，於是安排兩個殺手把嬰兒撕成碎片。為了確定孩子已死，還將其烹煮。故事本應到此就結束，所幸他同父異母的姊姊雅典娜趕來相救，並把他送給穀神蒂美特的女兒，也就是冥界之后普西芬妮保護。

普西芬妮是戴奧尼索斯同父異母的姊姊，她深知只要戴奧尼索斯不死，希拉絕不善罷干休，便把他送到一個國王那兒，讓他穿上女裝，舉止如女生，也騙過了希拉。好景不常，希拉還是發現了戴奧尼索斯，於是她把國王和皇后弄瘋，想讓他們誤以為自己兒子是鹿而殺了他。

還沒來得及對戴奧尼索斯動手，他就被帶到森林，由仙女和半人半羊獸的撒特（有著通常保持勃起狀況的巨大男性性器官）養大，把他變成羊寶寶，從此得以放心，安全長大。戴奧尼索斯在森林裡邂逅了年輕俊美的安普洛斯（Ampeloss），由於他以前沒有見過好看的人，便很快墜入愛河。他挑逗安普洛斯，兩人也成為戀人（同性戀的情景在眾神之間很常見）。但命運弄人，安普洛斯在一次狩獵中受了傷，最後不治。

戴奧尼索斯大為悲痛。於是，阿芙洛黛特的兒子厄洛斯把安普洛斯的遺體變成葡萄樹，戴奧尼索斯就因為這棵葡萄樹而發明了葡萄酒。很顯然的，他喝那樣多酒是為了遺忘！他逐漸走出了失去愛人的傷痛，而這時希拉又發現了他的行蹤，並且讓他發狂……。今人猜想會不會他其實是酒精中毒？畢達哥拉斯不就說過「酗酒是瘋狂的同義字」。

狂亂的戴奧尼索斯，此後幾年就這樣在森林裡遊蕩、喝酒、跳舞，縱情享受。令人稱奇的是許多人開始追隨他崇拜他，隨著他喧鬧、痛飲、狂舞、放肆歡愛。英文字「orgy」，就源自於酒神的這些歡鬧活動。但他們也會進行冥想，有靜默和觀想的時間。這樣的生活似乎有助於戴奧尼索斯療傷。他所創出的宗教逐日吸引信徒。

直到有一天，希拉又聽說了這些進展。

這次戴奧尼索斯學聰明了。他離開希臘，踏上一段漫漫長旅，足跡到達埃及、印度、和許多遙遠國度。他所到之處，人們都很喜歡他的想法，而他的宗教也隨之拓展。但也有許多國王抗拒他的祭祀，顯然也因此引發了戰火。戴奧尼索斯變成一名戰士，經常把瘋狂當作武器，這可是向希拉學來的！他的宗教就這樣像野火燎原般傳開了。

他把他的宗教傳遍世界之後，決定返鄉面對希拉與眾神。幸好宙斯對他刮目相看，接受他成為奧林帕斯山最後一個神。到這個地步，希拉也只能接受他了。

擁有了權力之後，戴奧尼索斯前往冥界，拜託曾經救他一命的普西芬妮幫忙，終於把他母親西蜜麗救出，讓她復活。他後來與曾在阿特米絲之前擔任泰坦月神的阿里阿德涅結婚，並育有數名子女。（阿里阿德涅也有許多神話，她曾與克里特王子忒修斯戀愛，但在被他利用來殺了米諾陶洛斯之後遭到拋棄。）

戴奧尼索斯與12數的關係

戴奧尼索斯很在乎如何接受自我並且釋放內在隱藏的熱情，這些態度很類似愛神阿芙洛黛特的教誨，但更為激烈而深入。阿芙洛黛特教導我們在愛與性這兩件事上都要依循自己的熱情而行，但她所指的是已經產生愛意、知道自己的所愛所欲是什麼的時候。而戴奧尼索斯認為大部分的人並不是如此理想化，也不清楚自己愛的要的是什麼，卻需要經過一番探索才能發現。所以他創造了探索的方法，在他的狂歡聚會和瘋狂慶祝上，大家喝個爛醉，戴上面具穿上奇怪的服裝或甚至裸體，盡情跳舞，基本上就是不再控制自己，這才有機會發現自己真正的熱情所在、真正的才能與夢想。

可以這麼說，阿芙洛黛特的忠於自我熱情和理想，是一門初階課程，經歷了這個階段，會知道那些熱情與理想是不是自己真正想要的事物，知道後就可以準備進入另一個層次：選擇另一個熱情或理想。這樣的過程經歷個幾次，最後終會找到真愛。這做法很有用，但很緩慢，假如每段感情都維持幾年，那麼整個過程會更拉得更長。至於戴奧尼索斯的方式則是捷徑。他認為可以在酒神聚會上與所有人都發生性關係，嘗試各種形式的性愛，然後說不定馬上就會找到自己真正的想望。

在發現了自己天生性傾向的同時，還可以發現自己其他的特質。在酒神慶典上，有機會盡情歌唱、跳舞、表演、歡笑、運動，這也就是讓自己的創造力得到無限發揮；在酒神慶典上，很容易就讓自己放鬆與享樂，也可以發掘自己一向好奇卻從來沒有機會或從來不敢嘗試的各個自我層面。人人都有一些能力不曾得到發揮，而唯有在不克制自己、不為了取悅他人而偽裝，並且對自己真實的情況下才能發揮出來。

想分辨愛神和酒神的差異，最好的方法是想像自己造訪一個義大利城市，譬如威尼斯，只有一個星期的時間來判斷這城市裡最好的食物在哪裡。如果採用阿芙洛黛特的方法，會四處觀察，看看哪家餐廳最吸引我們，當然最好懂得點菜，否則可能會錯過那家餐廳的最佳食物。接著，在這個星期裡每一天的每一餐都要嘗試不同的食物，這麼做，八成就能判斷威尼斯的最佳食物在哪裡了。假如運氣好，找到最棒的餐廳，也叫對了菜，那麼這個方法也許就能奏效。然而，大部分的餐廳都不賣早餐，所以這七天裡大概只能吃十四頓（中餐加晚餐），而最好的餐廳往往不在觀光區裡，可能找不到。所以這個方法有碰運氣的成分。

如果使用戴奧尼索斯的方式想在威尼斯尋找最棒的菜餚，就會舉辦一個美食節，要求每一家餐廳都設立攤位，每天三餐都要拿出絕手好菜。在美食節七天裡享用過二十一餐好菜和點心之後，一定可以找出當地最好的菜色和供應的餐廳！這種密集的取樣法，可以用在所有事物上，讓人可以在很短的時間裡發現自我。正因為這個原因，阿波羅才會把神廟交給戴奧尼索斯，因為戴奧尼索斯所提供的方式，可以更快速讓人認識自己，比阿波羅的方法還要快。

12數所代表的性格特質很像戴奧尼索斯。受到12數影響的人通常很獨特，多才多藝，在科學、商業、藝術等方面都有天分。但他們自己渾然不知，一直到某天早上醒來忽然決定要嘗試某件新鮮事，但嘗試時發現自己似乎已經知道做法。有一名年輕的蘇俄女子就是這樣。她從資訊系畢業，剛剛走出痛苦的離婚過程，兒子才出生。有天早上她醒來就想畫畫，於是去買了繪畫用品回家。完全沒有經過正式訓練的她，兩個星期就畫出了幾幅讓她聞名全國的畫作，後來在成為國際知名畫家之後受邀移民美國！

出於某種未知的原因，許多12數人看起來比實際年齡老成。這跟飲食無關。有人認為這是因為他們在前世玩過頭了，但其實他們只是比一般人更渴望在生命中滿足自己的饑渴和熱情。假如他們不能依循這種熱情而活，往往就會過著極度不如意的痛苦生活，幾近崩潰邊緣。

12數人很獨立、富有創造力，溝通能力絕佳，口才超棒，因而非常具有說服力。他們有遠見，愛好美麗事物，敏感而情感豐富。他們的個性在某方面來說是矛盾的，一方面想擁有並體驗所有事物，但另一方面又害怕冒險、害怕失去手上擁有的東西。

愛情模式

戴奧尼索斯的愛情故事很簡單。他曾是個狂人，與各色男女上過床；但他在結束流浪並回到奧林帕斯山之後，安定下來，結了婚，有了子女。他不像其他的神那樣在婚後還外遇。他用很恰當的態度對待女性，也是個忠實的情人。

可能是因為他年輕時就嘗試過各式各樣的性經驗，所以知道自己要的是什麼——他最

雙魚座與戴奧尼索斯

雙魚座的代表圖案是兩條魚。

愛神阿芙洛黛特和她兒子厄洛斯為了躲避一頭怪物的追殺，於是變成了魚，這是雙魚座圖案的由來。雙魚座富有藝術氣息，善社交，活潑熱情，但他們的情緒化會使得別人不容易明白雙魚座的心思。雙魚座酷愛美酒，而相傳酒是由酒神發明的，當然酒神也是以愛喝酒出名。

此外，雙魚座是最後一個星座，一如戴奧尼索斯是最後被列入十二神名單的一位。酒神經常被希拉打擾攻擊，每每落荒而逃；一直到他長大成人離開希臘之前，都經常上演這樣的劇碼。戴奧尼索斯有許多與狂飲、音樂、舞蹈有關的儀式，這些活動都有利於發洩情緒，發現自我，也可以幫助雙魚座的人維持身體健康。

後的選擇聽起來也許會令人驚訝：他認為愛、誠實與忠貞是最重要的東西。他樹立一個幸福穩定婚姻的典範，因為他對自己有充分的自知。他當年的追尋、體驗、歡慶、雜交、飲酒作樂的經歷，讓他得以真正認識自己。他是準備妥當後才走入婚姻的，而結婚後就一心愛著妻子，想和她共度餘生。因為他真的了解自己，也愛自己，而這兩者是愛別人的基本能力。

當今很多婚姻的問題在於很多人太早結婚，還不足以成熟面對婚姻。雙方對自己的認識不清，不知道自己要什麼；然而等到他們終於了解這些時，抽身的代價就很昂貴而令人痛苦了。人在結婚時，只知道彼此相愛，期待愛情能解決一切，希望兩人一起終老，永不分開。愛當然可以解決所有事情，但這必須是純粹的愛，不求回報。這樣的愛情必須雙方成熟才能擁有。一個人要多久才能成熟？成熟來自於歷練，而且往往是痛苦的歷練。簡單說，成熟需要很長的時間才能達到，而有些人永遠做不到。

有人會因為愛情以外的原因結婚，比方說為了遠離父母、為了錢、為了權位、為了讓父母高興。但這些都不能讓婚姻長久幸福。想到今日結婚的人在兩年內就離婚的比例竟是五十%，也許大家都可以從戴奧尼索斯身上學些什麼吧！

人生課題

12數的人生課題之一，是找到方法解決自己內心的衝突。12數人小時候通常只顧著做自己想做的事，不太需要別人操心，所以會讓父母覺得容易照顧。然而，假如父母因此就想控制他們，期待他們照著父母的意思過生活，他們卻會越來越不快樂。這不是因為12數人生性叛逆，而是因為他們會聽從父母的話，放棄自己的夢想，希望用這方式來讓別人高興，而取悅別人對於他們來說是很重要的事。但在此同時，他們內心逐漸累積起不滿。對12數的孩子來說，任何的批評都表示不尊重他們的能力，他們不但無法接受批評，甚至把批評看成是錯誤的對待。

這樣的人長大後通常會融入社會，沒有顯現出特殊個性或才能，就只是一個普通人。他們看起來快樂，但通常只是表面快樂，內在其實覺得憤怒。他們一方面想要過安穩的生活，有一份好的工作，擁有美好的物質享受和幸福的婚姻，但同時也夢想成為藝術家、巡迴藝人、吉普賽人，或者想著拋開一切責任離家出走，想辦法藉由藝術活動、治療他人、讓人快樂等方式來過自己的生活。

魚與熊掌很難兼得。擁有穩定的工作與和樂的家庭，意味著負起責任和重視承諾，這就沒有多少時間實踐旅行的計畫或追求其他夢想。為了兩者兼得，年輕的12數人往往會在安定下來之前先求學、工作、交友、旅行。他們會去一個有意思的地方住一陣子，不是觀光客那種走馬看花，而是要認識當地人、體驗新的事物和不同的生活形態。如果在這方面獲得了足夠深入的體驗，12數人會找到自己的喜好，選擇一種能夠結合各種才能、協調各種內在慾望的生活。如果因為某些原因因無法四處旅行，就保持開放態度，盡量探索各種不同的領域，特別是那些與發揮創意有關的事物，之後再挑選一個職業；多多與不同的人交往，不必與初戀對象結婚。

對成年12數人來說，解決方式就比較複雜了。通常12數人的另一半已經習慣了12數人一向以來的情人或配偶的身分，並期待他們繼續扮演稱職的角色；或者是公司認定他們在工作上的執掌，譬如經理或業務員等等，希望他們繼續擔任下去。假如12數人嘗試改變，想探索自己的需求或追求自己的夢想，他們的伴侶通常都不喜歡他們的改變。而12數人假如一直都很堅持，那麼雙方的爭執就會越演越烈。

如果12數人堅持改變，則可能會演變成兩種情況。一種是糟糕的結果，就是他們的家人由於覺得遭到12數人背叛，於是訴諸法律裁決，並在處置財產時幾乎不留一毛錢在他們名下；這使得12數人必須重頭開始，但也只能謝天謝地，至少贏得了自由，可以重新安排生活，終於有機會追尋自己的夢想了。

另一種情況則是家人的思想開明，經過了充分溝通，決定給予12數人自由，以此表現出對他們的愛與支持，而不是上演背叛的戲碼。有些夫妻就開始嘗試開放式的婚姻生活，藉著與不同的人發生性關係來探索自己的性慾，但夫妻倆還是開心在一起。愛情如果夠純粹、也夠堅定，可以克服一切難題。

在選擇職業這個課題上，事業已經穩定、但不喜歡現有工作，然而又無法辭職的12數人，還是有機會改善狀況。解決方式就是培養嗜好。找時間做自己喜歡的事情，諸如藝術活動或手工藝，找資料書籍來研讀，尋找志同道合的社團，參加聚會，聆聽演講，遠距上課；盡可能把自己這項興趣告訴很多人，等待任何機會出現。繼續發展自己的嗜好，總有一天會得到機會把嗜好轉成職業。除了培養嗜好之外，也可以在確認自己希望專注發展的才能之後，想辦法找機會把這項才能運用在現有的工作上，或者要求轉調到更適用的部門也是個好方法。

學習人生課題之後

戴奧尼索斯的雕像一手持酒杯，頭部和身體則纏繞著葡萄樹所垂下的葡萄藤。他喝的可不是普通的酒，而是神奇的飲料，喝下後可以釋放出內心最深層的慾望，領悟到自己的真愛。

凡是學習了人生課題的12數人，也就等於取得了戴奧尼索斯之酒，得以挖掘自己的內在，找出可以讓生命得到價值的夢想或目標；確定目標之後，他們會結合多項才能，運用能力，創造出可以帶給他們曾經暗自夢想而今終於握在手上的快樂和成功。

善用12數的威力

根據阿波羅的教誨，生命的要務在於「了解自己」，而後要接受自己，採取行動追尋一種可以發揮天賦、依循熱情、忠於自我的生活。這些步驟也是維持身心健康的關鍵，得到幸福人生的必要基礎。12數的力量，可說是十二種力量當中最重要的一個。

所有人都必須不計代價認識自己，然後展現自己的特質，創造出根據真實自我而發展出來的生活。這些步驟可以讓人找到適合的職業，然後每天都期待上班工作；這些步驟幫助人找到適合自己的感情關係，讓人感到滿足而心無旁鶩；也可以帶來恰當飲酒方式，讓人保持年輕、活力與健康。這好比是用一只象徵性的戴奧尼索斯酒杯來飲酒，沈醉於酒神的神奇之酒，讓人發現真正的自己，領悟到自己此生應該成就的事。

運用12數的力量，很類似許多文化裡面的成年禮。包括傳統非洲社會的某些文化，都有成年禮的習俗，用割包皮、黥面、刺青、讓蟲咬、從高處跳下等等會帶來極度痛感或有生命威脅的儀式，讓男孩轉變成男人，女孩變為成熟女人。少年少女只要能忍受痛苦，他們就會發現內在的力量，知道自己應該具備什麼條件才能進入世界，並追求自己在其中的一席之地。

運用12數的力量，好比進入一場成年禮，準備從片面的快樂進入到全面的幸福；從孩子般的被動接受，轉變為有成人樣子的主動掌握、從生活中擠壓出最佳的成果。這個過程很辛苦，因為過程中必須冒著失去一切的風險，必須發現並接受真實的自己，然而最後的報酬非常棒。唯有此法可以讓人得到圓滿的生活，別無其他！

另外還有一種12數力量的運用法，這是在看似不可能存在的情境中尋找解決之道。在很多傳統文化裡，老人家都懂得運用戴奧尼索斯的方法。遇到難題時，老人家會服用有迷幻作用的藥物；他們在迷幻的過程中看到了幻象，或者得到其他足以解決辦法的領悟。這種做法之所以能奏效，是因為人在放下邏輯思惟之後，可以碰觸到其他形態的想法，通常稱為側向思考。在側向思考的時候，事物之間沒有邏輯或關連可言，會想到瘋狂的東西。

這種思考方式能創造出令人稱奇的想法，那是無法用邏輯想到的好點子。所以一旦邏輯失效的時候，可以用這種方法來做腦力激盪，提出各種瘋狂想法，享受這個把瘋狂想法與問題連結起來的樂趣。

事實上，晚上作夢的時候都會經歷這種側向思考，有時甚至在白日夢裡也會。大家都知道夢境可以多麼不合現實，毫無邏輯可言，甚至無法用言語解釋。雖然夢境很瘋狂，然而許多科學的重大問題是在夢裡找到了解答，譬如愛因斯坦的相對論、愛迪生的發明。不妨學著記下夢境，把內容加以分析，這會是一項釋放出12數力量的強大工具。

說到解決難題，酒精也是一種安全而有用的媒介。如果遇到難以解決的問題，在歡樂的環境裡小酌一番有助於放鬆，忘掉原有的邏輯。很多人因而冒出瘋狂點子，後來成為有效的解決辦法。為了運用12數力量，有時候得瘋狂一番！

生活提示

如果缺乏12數的能量，曾經試著使用方法在生活中導入這種能量，應該會發現它不容易長久維持；過一陣子就回到了原來的狀態。

想維持12數能量有個好方法，可以使用各種有戴奧尼索斯的圖案和象徵12數能量的物件。例如：穿戴透明或白色的衣物；蒐集印有戴奧尼索斯圖像的T恤、杯子、海報；或者戴上象徵戴奧尼索斯的配件飾品。代表戴奧尼索斯的象徵包括：葡萄和葡萄樹、紅酒杯或一般酒杯、紅酒瓶或其他酒瓶、老虎、羊、與劇場有關的事物，以及嘉年華會的面具。

有很多方式可以體驗到戴奧尼索斯的能量。最激烈的做法是參加世界級的**嘉年華會**，譬如紐奧爾良狂歡節（Mardi Gras）、巴西里約熱內盧嘉年華會、千里達的西班牙港嘉年華會、義大利威尼斯狂歡節。很多其他的世界大城市也都開始會舉辦嘉年華會，各個城市在不同的日期舉辦，不過通常都在冬末春初（一月底至四月初之間）。

今日希臘的嘉年華會仍然以劇場表演揭開序幕，希臘人一直熱愛戲劇演出，雅典的劇場數目居歐洲所有城市之冠。希臘所有城市幾乎都會舉辦嘉年華會，其中以帕特雷(Patra)的規模最為盛大。想參加帕特雷嘉年華的人要做好心理準備，因為習俗上會用泡沫、水和碎紙來相互噴灑，也會用大型的塑膠槌頭打人。這些不會造成真正的疼痛或受傷，但是很嚇人，有時會把衣服染上五顏六色。

如果參加了嘉年華會，特別是在街道上湧入成千上萬人的大城市隨著瘋狂的人群一同狂歡，這時要做好心理準備：各種怪事都可能遇上。也會發生搶案，特別是大型的嘉年華會，所以身上要準備一些現金給搶匪，但不要放太多錢，免得被洗劫一空。最重要的是千萬不要抵抗，很多人為了幾塊錢而受傷或甚至被殺！

有一個最簡單的方法可以體驗戴奧尼索斯能量，那就是和三五好友在家裡**喝幾杯紅酒**，**唱歌**、**歡笑與跳舞**。也可以選擇一家狂野的夜店，那種許多人一起隨著節奏強烈的音樂起舞的地方；喝幾杯酒，跳入舞池狂舞到精疲力竭。這時會發現，原來酒神戴奧尼索斯的祭祀完全沒有消失，我們就在他的慶典之中。它存在於每一個酒吧、夜總會、餐廳、劇場、電視節目和地球上每一個地方的節慶裡！戴奧尼索斯的影響力從來沒有離開過！

戴奧尼索斯的象徵物：酒杯

戴奧尼索斯／12 數在人身上的作用

行為舉止：好奇・開心・緊張
體型：強壯・肌肉發達・
說話風格：友善・有權威性・愉悅
衣著類型：具吸引力・獨特・有格調

與戴奧尼索斯／12 數相關的事物

幸運色：透明或白色
身體部位：睪丸・卵巢・子宮・腦部掌管藝術的部分
星座：雙魚座

結語──解決生命裡的衝突

讀過了前面關於十二個生命密碼與希臘十二神祇的關連之後，極可能會發現，自己的特質並不只是符合一種神祇與數字的關係而已，卻可能是兩種以上。會出現這種狀況，有幾個可能原因。第一，人的性格特質本來就是會變動的，每天在經驗中學習，性格當然可能會改變。此外，人在面臨挑戰的時候，比較深層的自己會浮出來，使得我們展現出不同於一般時候的行為舉止。

既然不可能只用單單一種的性格原型就把一個人的性格描述完全，這表示每一個人都會同時具有兩種以上的性格原型，而這些性格原型所追求的是不一樣的事物，當然就會形成拉鋸，並形成人心裡的內在衝突。

在本書的十二神祇裡，挑選出三個認為最像自己個性的神之後，把他們所代表的數字寫下來。這裡要注意一件事：遇到了10、11、12時，要分別把它們的兩位數再相加一次，分別還原成1（10）、2（11）、3（12）。

找出了這三個最能代表自己個性的數字之後，在下面的表格裡面找到它們的組合，看看解決之數是什麼。最後，再回到描述解決之數的那一章去讀一遍，試著把有關的提示與建議應用在生活上，把代表這個數字的性格特質當作學習榜樣。這樣做一陣子之後，會變得比較容易看出自己的問題癥結，知道它們為什麼會形成，以及可以如何解決它們。

黃金三數

除了用上述方式找出三個符合自己特質的數字之外，事實上可以用自己的生日來算出三個代表數字。這個計算過程稍微長了一點，不過只要仔細讀解釋，照著步驟來，就可以定出對自己最重要的三個數字，並得到對自己非常有意義的認識，也是這本書的最終目的。這個過程很值得耐著性子來理解。

這套「黃金三數法」方法，在我前一本著作裡做過完整的介紹，請參閱《啟動天賦靈數I》。「黃金三數法」有一點複雜，在這裡只做一點簡單的說明：

簡易版的金三角數字只需選出三個數字代表整個命盤：命數、出生日、天賦靈數。

第一個數字是：**命數**。

先計算出命數，然後把這個數字放入下圖直角三角形中的斜邊。命數對於性格影響最大，在分析數字的意義時常常要用到。

第二個數字是：**出生日的數字**。

出生日是指出生那天的日期數字。首先要把出生日化為一個一位數的數字。如果原本就是一位數字，從1日至9日，則直接取用；若是兩位數，從10日到31日，則要把所有數字加起來。例如13日，要把1與3加起來，得到4；若是28日，則要把2加8得到10，然後把1與0相加，得到1。依此類推。

第三個黃金數字是：**天賦靈數**。

天賦靈數是個兩位數的數字，我們這裡要取用的是十位數的那個數字。例如天賦靈數為32，就把3拿來用。如果此數又與命數和出生日數字相同，那就以星座數字取代。萬一星座數字又和命數、出生日數字都一樣，那就要再用其他方式挑選，請參考《啟動天賦靈數I》書中第54頁的「其他數字」一節。

不管是找出三個與自己最相像的神祇、或者是用黃金三數法找出了對自己最有意義的三個數字，找到之後，務必仔細觀察這三個數字之間的矛盾與衝突——這可能是借用生命密碼來認識自己的最重要目的。這些矛盾與衝突，指出了我們在人生中所遇到的障礙，以及該如何破解這些衝突，好讓我們集中心力追求成長，把潛能發揮到極致。

最後，可以對照下頁起的表格來找出自己的解決之數，並且再回頭讀一遍與那個數字有關的章節，了解那個神祇的個性與那個數字的人生課題，並在「生活提示」、「善用數字的威力」等段落裡得到建議。假如能在生活中嘗試這些建議，將會發現，那些多年來困擾著我們的內在衝突，變得非常容易面對與處理。

人生裡有很多問題是因為我們做出了錯誤的決定才會產生。唯有對這些錯誤的決定釋懷，我們才能徹底認識自己，然後，面對未來，做出正確的選擇。

黃金三角數的範例

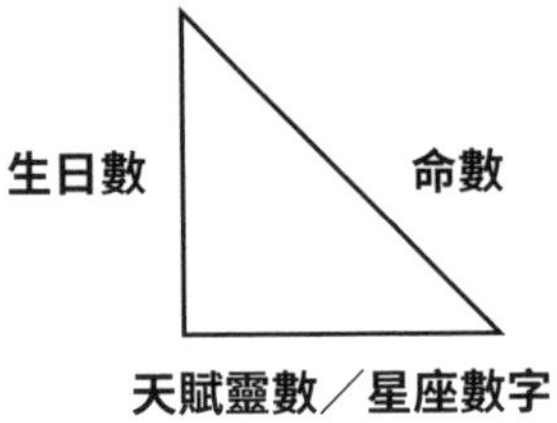

例一：某人生於 1989 年 9 月 4 日。
黃金第一數：此人的天賦靈數為 40，命數為 4。
黃金第二數：生日數為 4，與命數同，所以不能用生日數，改用星座數字。9 月 4 日是處女座，處女座的數字 是 6。
黃金第三數：靈數 4 與命數同，不能用；星座數已用，故改用月份數字。

黃金三角數字如圖示：

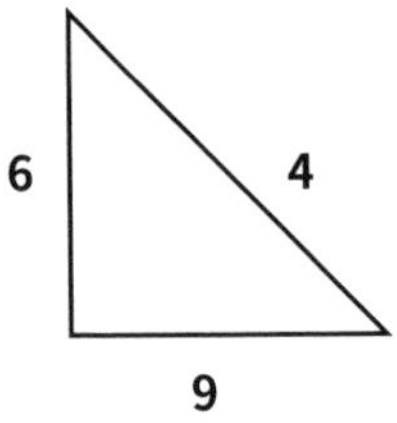

例二：生於 2002 年 1 月 5 日。

黃金第一數：天賦靈數為 10，命數為 1。

黃金第二數：生日為 5 日。

黃金第三數：靈數、星座數都是 1，不能用。月份也 是 1，不能用。

最後用年份的倒數第一個數字，2。

黃金三角數字如圖示：

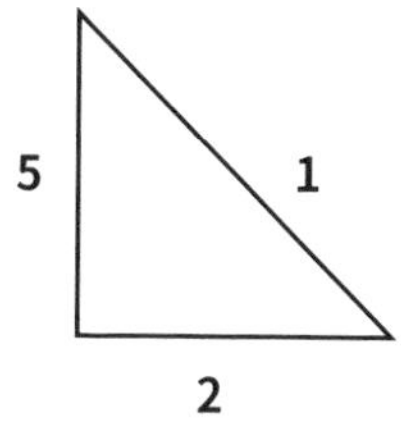

例三：1954 年 8 月 3 日。

黃金第一數：天賦靈數為 30，命數為 3。

黃金第二數：生日數為 3，與命數同，不能用。改用星座數字。

由於是獅子座，星座數字為 5。

黃金第三數：靈數和星座數不能用，改用月份數 8。

黃金三角數字為：

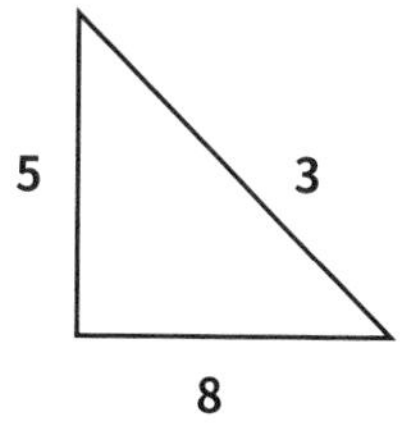

用解決之數化解衝突

查索以下列出的黃金三數組合時，不需要完全依照順序排列，只要這三數是自己的黃金三數即可。

黃金三數	解決之數
1－2－3	5
1－2－4	4
1－2－5	5
1－2－6	4
1－2－7	5
1－2－8	5
1－2－9	5
1－3－4	1
1－3－5	5
1－3－6	3
1－3－7	5
1－3－8	5
1－3－9	5
1－4－5	1
1－4－6	4
1－4－7	4
1－4－8	4
1－4－9	7
1－5－6	3

黃金三數	解決之數
1－5－7	5
1－5－8	5
1－5－9	5
1－6－7	4
1－6－8	4
1－6－9	3
1－7－8	5
1－7－9	5
1－8－9	5
2－3－4	6
2－3－5	5
2－3－6	6
2－3－7	5
2－3－8	5
2－3－9	5
2－4－5	2
2－4－6	2
2－4－7	4
2－4－8	2

黃金三數	解決之數	黃金三數	解決之數
2－4－9	6	3－7－8	5
2－5－6	2	3－7－9	5
2－5－7	5	3－8－9	5
2－5－8	5	4－5－6	2
2－5－9	5	4－5－7	7
2－6－7	4	4－5－8	8
2－6－8	6	4－5－9	7
2－6－9	6	4－6－7	4
2－7－8	5	4－6－8	6
2－7－9	5	4－6－9	6
2－8－9	5	4－7－8	4
3－4－5	1	4－7－9	7
3－4－6	6	4－8－9	6
3－4－7	1	5－6－7	9
3－4－8	6	5－6－8	8
3－4－9	6	5－6－9	9
3－5－6	3	5－7－8	5
3－5－7	5	5－7－9	5
3－5－8	5	5－8－9	5
3－5－9	5	6－7－8	4
3－6－7	9	6－7－9	9
3－6－8	6	6－8－9	6
3－6－9	6	7－8－9	5

國家圖書館出版品預行編目 (CIP) 資料

啟動天賦靈數—藍寧仕醫師的生命密碼全書 II
In the path of the Gods
藍寧仕 (Dimitrios Lenis) 著
二版 -- 臺北市：大塊文化出版股份有限公司
2022.08 面；公分 -- (KK；3)
ISBN：978-626-7118-68-9(平裝)
1.CST：占卜 2.CST：數字
292.9 111009487